王光祈帶你看
清末民初外交史料

《李鴻章遊俄紀事》與《美國與滿洲問題》合刊

王光祈 原譯

蔡登山——主編

【導讀】王光祈和他的著作

蔡登山

　　王光祈是「五四」時期的人物，他是「少年中國學會」的領銜人物。他是一個社會運動家，他是一個新聞記者，學者郭梵農更認為「他是一位史學工作者，因為他譯著了一批極具史學價值的叢書，對歷史的研究和寫作，有一套深沉的工夫和獨具慧眼的看法；最後，也是最重要的，他是一個音樂思想家。直到他客死在萊茵河畔的波昂城，他仍集注精力於中西樂理與音樂史的綜合研究，可以說是盡瘁於一個音樂思想家的崗位。」只是他在德國苦學十六年，他的光輝成就，經歷了大半世紀，卻逐漸地為人所遺忘！

　　王光祈（1892-1936），四川溫江縣人，字潤璵，亦字若愚。祖父王澤山是名詩人，父親王茂生也是讀書種子，但在窮愁潦倒中去世，去世後三個月王光祈才出生。孤兒寡母靠菲薄的收入和親友的資助，才勉強過活。八歲時，王光祈為鄰家牧牛，在母親教導下，已讀完《三字經》，《百家姓》，《唐詩三百首》等啟蒙書籍。一九○七年趙爾巽任四川總督，因當年曾受教於王光祈的祖父，為感念師恩，乃將王光祈母子接至成都，在他的資助下，王光祈進入成都第一高等小學堂就讀。次年考入成都高等學堂分設中學丙班。與魏嗣鑾（時珍），郭沫若、李劼人、周太玄、蒙文通、曾琦（慕韓）等先後同班。彼皆一時之彥，因而學

問日新月進，大具根底，為校長漢學家劉士志所器重。

　　一九一四年春末，王光祈走出古稱天險的蜀國，到上海晤魏嗣鑾後，輾轉到北京，在趙爾巽的幫助下，任清史館書記員。同年秋，考入中國大學法律科。在一九一七年王光祈與曾慕韓的書信上就提到：「我們皆在青年求學時期，救國最好在早做基礎的準備工夫，而準備工夫不外兩事：一為人才，二為辦法。但人才已不能求之已成勢力中，則應早日集結有志趣的青年同志，互相切磋，經過歷練，成為各樣專門人才，始足以言救國與建國的種種實際問題的解決。」那時，共結社團以救中國的意圖便已在漸漸成形了。一九一八年六月三十日王光祈、周太玄、陳愚生、張夢九、曾慕韓、雷眉生、李守常七人在北京南橫街嶽雲別墅的會議中，決議發起「少年中國學會」，他們七人成了原始發起人了。直到一九一九年七月一日正式召開學會成立會止，這一年中，學會的宣言、宗旨、信條以及規章，幾乎都由王光祈一人創一起草。其宗旨是：「振作少年精神，研究真實學問，發展社會事業，轉移末世風俗」，其信條是：「奮鬥、實踐、堅忍、儉樸」，其第一條規章是：「本學會本科學的精神，為社會的活動，以創造少年中國為宗旨。」。

　　「少年中國學會」模仿義大利革命家馬志尼在西方創造「少年義大利」，是中國早年的一個重要的全國性組織。他們秉持著一股愛國救國的熱情而凝聚在一起，為挽救中國於列強環伺、國力虛弱的危亡處境中。其理想是創造一個永不老大的「少年中國」。其會員雖然不多，卻遍及海內外，北京、南京、濟南、天津皆是其活動範圍，甚至有巴黎分會，而東南亞的華僑也是學會刊物的重要讀者。「少年中國學會」出版很多刊物，有《少年中

國月刊》、《少年世界月刊》等等，學者郭梵農認為它提供了「五四」時代思想動態的研究的最富於見證性的材料，其重要性及影響力絕不亞於當時風行一時的《新青年》和《新潮》雜誌。

素懷大志的王光祈，因「少年中國學會」分子與他當時的主張，多背道而馳，無由展其抱負，且由於政局環境的限制，青年活動無法得到正常的發展，驅使一班有志青年，在苦悶、失意之餘，只好再轉向更廣闊的世界，去求發展。王光祈便在這種情況下，隱忍著他對故國的愛戀，於一九二〇年四月一日，以北京《晨報》、上海《申報》、《時事新報》特約通信記者身分，與「少年中國學會」會友魏嗣鑾、陳寶鍔同行、赴歐留學。六月一日，抵德國法蘭克福，王光祈租定郊外寓所，決心在此專心學習德文，數月中，絕不履城市。此時，每晚由魏嗣鑾口譯德文報刊，王光祈筆記整理成文，寄回國內報刊發表，獲取稿費，以維生活。

王光祈赴德之初，原研習經濟。但因德人以音樂創作，著稱於世。一九二二年九月，王光祈由法蘭克福遷居柏林。冬，在柏林隨一德國私人教師學習小提琴和音樂理論。學者郭正昭認為王光祈為了篤踐他「音樂救國」的理論，希望從音樂王國中找出一個「烏托邦」來，以一個三十多歲的人，對中西樂理幾一無所知，完全從基本做起，是多麼艱鉅難能的一件事。直到他逝世，前後有十四年之久，他不但把自己練成一個優異的小提琴家，修成了中國第一個音樂博士（一九三四年六月以《論中國古典歌劇》一文，榮獲波昂大學音樂學博士學位），而且更把自己造成一個最傑出的音樂思想家。一九三六年一月十二日，王光祈患腦溢血客死於德國波昂醫院，年僅四十四歲。

　　王光祈畢生事業，全在他的著作中。他以英、德文所著論文，凡十八篇，散見於當時德國知名的雜誌及英、義兩國百科全書中。而以中文譯、著諸書，近四十種。可分為四大類：

一、音樂著述：（一）屬於東方部分者：《中國音樂史》、《中國詩詞曲之輕重律》、《翻譯琴譜之研究》（即中國樂器七弦琴指法之研究）及《中國詩詞曲之輕重律》四種。（二）屬於西洋部分者：《西洋音樂史大綱》、《西洋音樂與詩歌》、《西洋音樂與戲劇》、《西洋制譜學提要》、《西洋樂器提要》、《對譜音樂》、《各國國歌詳述》、《歐洲音樂進化論》、《西洋歌劇指南》、《西洋名曲解說》、《德國國民學校與唱歌》等十一種。（三）屬於東西音樂之比較者：《東西樂制之研究》及《王光祈音樂論文第一集》二種。

二、國防叢書：《經濟戰爭與戰爭經濟》、《空防要覽》、《未來將才之陶養》、《德英法戰時稅政》及《國防與潛艇》等五種。

三、中國近世外交史料：《瓦德西拳亂筆記》、《李鴻章遊俄紀事》、《美國與滿洲問題》、《三國干涉還遼秘聞》、《辛亥革命與列強態度》、《西藏外交文件》、《庫倫條約之始末》等七種。

四、其他著譯：《西洋美術史入門》、《英德法文讀音之比較》、《德國人之婚姻問題》、《戰後德國之經濟》、《西洋話劇指南》、《德國之工役制度》、《音學》及《王光祈旅德存稿》等八種。

　　王光祈愛國情殷，雖羈留海外，但他關心中國當時的政治，

以一個飽受經濟壓迫的窮學生，終日埋首在德國柏林圖書館，整理翻譯出「中國近世外交史料」七種，為研究中國近代史不可或缺的珍貴史料。晚清以來，列強謀我，鈎心鬥角。其中種種秘辛，以直接與其事者的記述，最為真確。王光祈找到這些德文、英文等一手史料，在異邦窮困的生活中，不顧自己的病體，努力的揮動他的一枝禿筆，日夜譯述。他嘗自語曰：「當余執筆時，腦輒作痛。爰以左手撫頸，右手作字，至痛楚無力，工作始廢。世或譏余譯著不精者，使其知余之生活為何似，將不忍苛責也。」是的，他的苦心孤詣，他的救國情操，終究一以貫之，儘管是在顛沛流離的萊茵河畔亦如是。這套叢書出版後，曾引起蔣介石的重視，特地透過駐德使館，轉詢王光祈，「如願回國，當圖借重」，希望他回國效力，可惜的是他卻猝然病逝。

　　《李鴻章遊俄紀事》一書係王光祈根據德文本的《維特伯爵回憶錄》中四章有關中俄交涉的內容翻譯整理的。維特伯爵（1849-1915）為俄國戰前最負時望之大政治家，有「俄國財政界彼得大帝」之稱。當李鴻章赴俄訂約之時，維特伯爵正任財政大臣；俄皇以其熟東方情形之故，特令彼與李氏談判，遂訂中俄密約。絕大部人中國人知道李鴻章、張蔭桓「接受俄國人賄賂」之事，可能是通過王光祈一九二八年翻譯出版的《李鴻章遊俄紀事》。

　　《美國與滿洲問題》一書係譯自一九二六年版的《德國戰前外交文件彙編》（Die Diplomatischen Akten des Answärtigen Amtes 1871-1914）中之第三十二冊。按此書所載，多係戰前德國祕密外交文件，並嘗有德皇威廉第二御筆硃批在上，讀之頗可察見戰前國際形勢真相之一斑。在書中王光祈提出的唯有美、蘇兩國能

夠制約日本的思想，從戰略上看，是正確的。王光祈在一九三一年就預見到唯有美、蘇兩國可以打敗日本，他不愧是個有戰略眼光的學者。

目 次

李鴻章遊俄紀事

譯者敘言

　　〈李鴻章遊俄紀事〉此書乃譯自俄國帝政時代國務總理維特Witte伯爵之筆記。維氏（1849-1915）為俄國戰前最負時望之大政治家，有「俄國財政界彼得大帝」之稱。當李鴻章赴俄訂約之時，維氏正任財政大臣；俄皇以其熟東方情形之故，特令彼與李氏談判，遂訂中俄密約。

　　維氏雖深信俄國實有世界帝國之資格，但同時卻能深悉俄國內部各種弱點，故主張和平發展之政策；一方面設法聯絡中國，他方面則竭力促進內國經濟。但俄皇尼古拉第二與其他侵略派，則主張急進，以武力佔據中國土地。於是俄國之中，分為和平急進兩派，互相爭論不已。

　　俄皇對於維氏個人，本來不甚喜歡，但以其理財能力與國外信用之故，又不能離彼。其後急進派終佔勝利，一九〇三年八月，俄皇遂免維氏財政大臣之職，而任以一種地位極為崇高但無絲毫實權之部臣協會主席。迨日俄戰事（1904-1905）既終，俄皇欲以戰敗國資格而訂不割地不賠償之議和條約，因之，舉國無人，敢任議和代表一職。於是不得不啟用維氏，任以赴美與日義和之責；其結果訂成有利俄國之合約。旋因俄國革命事起，舉國沸騰，俄皇乃根據維氏一九〇五年十月二十五日之報告，發表有名之「十月宣言」。更以維氏為眾望所歸，遂任為俄國第一任國

務總理。一九〇六年五月五日,維氏因保守黨大地主等等之反對,乃辭職而去。

從一九〇七年夏季起,維氏遂在國外,開始作此筆記,至一九一二年三月二日停筆,以後便未再續。記中所載,為尼古拉第二執政時代至一九一二年止之俄國各種要政真相。維氏係於一九一五年三月十三日去世。俄皇曾令人抄沒其稿件,急欲獲得此項筆記稿子一讀,但未被其覓著;蓋該稿係以他人名義存在法國Bayonne地方某家銀行,故也。直至一九二二年,此項筆記,乃以俄文印成兩冊行世,一時甚為風行。英德法美各國,皆有譯本。德國譯本,只譯其中重要各章,並未全譯;但亦有一大厚冊。余所譯者即係根據德文譯本,而且只擇其中四章之與中國有關者。其中前兩章,係李鴻章尚在俄國之時,後兩章則在李氏已回中國以後;但因此兩章中,仍與李氏遊俄時所訂密約,有多少關係,故本書取名「李鴻章遊俄紀事」,讀者幸勿以名實不符見責。

〈遼東半島之占領〉中,關於旅順大連條約,維氏向李鴻章張蔭桓行賄一事,至今真相不明。惟據友人中之研究當時史事者,則謂李鴻章似未收受此款;歐戰以後,清理華俄道勝銀行,其中曾有華人存款,而姓名不可查考,或即係此項款子。但是此外又有人疑此項款子,係為太后所得,云云。至於張蔭桓遣戍新疆之際,聞出京時,有向俄使索款之說,則頗跡近嫌疑矣。

中華民國十七年九月二日
王光祈序於柏林南郊
Steglitz, Adolfstr. 12

1 與李鴻章談判並締結中條約[1]

　　當（俄皇）亞歷山大第三末朝之際，中日兩國關係，緊張達於極點；到了最後，彼此遂以兵戎相見。我們當時在遠東方面以及海參威方面之兵力，極為薄弱。於是我們乃將海參威全體駐軍，調往吉林方面，以免中日軍事行動，蔓延北部，害及俄國領土及利益。當時我們所（能）為（者，不過）如此而已。

　　皇帝亞歷山大即於是時物故，中日戰事則以日本全勝而終。當尼古拉第二即位之始，日本方面嘗將遼東半島全部佔據；其後該國與華議和，除獲得其他各種利益外，其最重要者即為合併上述半島全部一事。

　　此即Lobanow-Rostowski侯爵接任外交大臣時節之局面。其時西伯利亞巨大鐵路正在建築，差不多已到Transbaikalien區域之內，於是發生下列一個問題：究竟該路應該如何取道往下築去？將由我們領土Amur省中大繞其道嗎？抑或另取他道，利用中國領土滿洲北部嗎？

　　但是此項問題，實係無法解決；而且從未懸揣，我們或可得著中國准其穿過北滿之同意。

　　惟建築全部西伯利亞鐵路一事，換言之，即連絡海參威與歐俄之舉，乃係先帝亞歷山大第三遺囑，為余受命辦理者；因此，

---

[1]　編按：俄文原本為第二章。

余在一切政客之中，實為唯一從事研究此項問題之人。更因余較其他一切人等，對於此事關係特重之故，所以余對此事考究特詳，了解特多。當時之人，確極鮮有能知中國究係何物，能識中韓日三國地理形勢與夫三國現在相互關係者。總而言之，我們社會方面以及最高官吏自身，凡關中國之事，皆係蠢無所知。即新近任命之外交大臣Lobanow-Rostowski侯爵，對於遠東事務，亦復莫明其妙；如果當時有人向其詢問：「什麼是滿洲？何處是奉天省城？何處是吉林？」則彼之智識程度，只等於第二班中等學生。

Lobanow-Rostowski侯爵乃係一位深有學識之人，一如余前此所言，凡有關於西方之事，彼蓋無不盡知；但對於遠東方面，卻是從無興趣，一點也不知道。

當彼對於（外交）大臣一職，方正接事之時，而中日戰爭已以著名馬關條約告終。余對此約，認為極與俄國不利。蓋日本由此獲得大陸方面一塊領土，直向我們逼近。我們沿海領域與日本國境，至今皆係以海間隔；而現在日本乃欲跑到大陸，築其利益基礎，同時該處大陸又為我們最要利益之所在。因而此時遂發生一個問題：究竟我們對此，應持何種態度。

余在當時，乃係唯一從事研究遠東問題之人，皇上甚望俄國勢力大向遠東擴張，而且對於此種理想，特較其他各事注重；蓋因彼從前曾向遠東旅行，實為初次感著自由不拘之樂，故也。但彼在當時，尚無一定目的（計畫），只是一種熱望衝動，覺得非向遠東前進取得土地不可，而已。因此，余曾從各方著想，對於中日合約，我們究應如何對付。蓋依照詳約，則遼東半島全境，皆將落於日本之手也。其後余遂決定下列計畫，而且始終堅持，

即對於俄國方面最為有益者，實以鄰接一個強壯的但是不能活動的中國為善。由此可以擔保俄國東方安寧，以及俄國前途福利。

於是，余遂覺得萬無允許日本竟在如此緊接北京之地，作其巢穴，並獲得如此重要區域之遼東半島，成為優勢地位之理。其結果，余乃發出下列疑問：究竟對於中日和約之實行，是否應有加以阻止之必要。

因此，陛下允許召集會議（討論此事）；此項會議係在新任外交大臣Lobanow-Rostowski侯爵臨時寓所[2]之中，舉行。

會議主席，係由海軍大將Alexei Alexandrowitsch大侯爵擔任。與會者為下列諸人：陸軍大臣Wannowski侍衛，參謀大臣Obrutschew侍衛，海軍代理大臣Nikolai Matwejewitsch Tschichatschow，以及余與外交大臣。

在此會議之中，余曾發言，謂俄國將在許多許多年月之中，皆以中國保持現狀，存在不亡為有利。但於此必須盡力堅持，中國領土不可瓜分不可侵害之原則，云云。對於余之意見加以贊助者。只有Wannowski一人。Obrutschew則對於比事之態度，頗為隨便；蓋因其心時常皆在西方種種可能衝突之上，只是專意於此（不問其他）。至於其餘與會之人，則無一定意見。

主席對此問題，並不加以表決，而另自提出下列一個問題：究竟將用何種方法，以使余之希望，見諸事實？余乃言曰：宜向日本提出最後通牒，謂我們對於害及中國領土不可瓜分不可侵害的原則之舉，不能承認，因此我們對於中日和約，不能表示同意云云。中國之所以承認該項條約者，當然係由於壓迫所致，蓋中

---

[2]　此寓所乃係彼的屬僚之住宅。

國固居戰敗一方，故也。繼而余又言曰：日本既係戰勝國家，必須與以戰費賠償，應由中國方面，付以多多少少一筆大宗賠款。倘若日本對此加以拒絕，則我們只有出於積極行動一途。至於積極行動之方式如何，則此刻尚未達到決定時期；但余相信，到必要時，可以採用砲擊日本幾處港口之手段。

在於會議之中，余之見解主張及其實行方法，於是皆已具體提出。但會議一番，仍無一定結果而終。蓋因會議之中，對於余之主張，固無人特別加以反對，但同時許多與會之人，卻亦未曾特別表示贊成，故也。至於Lobanow-Rostowski侯爵，則終席不發一言。

關於此次會議情形，係由（主席）大侯爵奏報皇上；皇上於是召集第二次會議，即在御前舉行，參與其會者，只有余與Wannowski將軍，Lobanow-Rostowski侯爵，Alexei Alexandrowitsch大侯爵，數人而已。將余之意見，再行陳述一遍。其他諸人或者絲毫不加反對，或者僅僅略持異議；結果，皇上准余所陳辦法，並命Lobanow-Rostowski侯爵加以實行。我們在此卻當公認Lobanow-Rostowski侯爵，辦事手段之敏捷；彼立即取得德法兩國同意，贊助俄國之要求。於是，不稍遲延，立由俄國直向日本提出最後通牒；日本被迫接受，並要求一筆大宗賠款，以為遼東半島之補償。

我們俄國對於賠款高度問題以及其他問題，皆不加以過問干涉；我們只是堅持下列一種原則：即我們對於傷及中國領土完全一事，不能加以承認，是也。由此，馬關條約，乃得成立。關於割讓（遼東）領土一條，改用賠款代之。

同時，余與中國方面接洽，並自願代籌一筆巨債。當然，此種巨債決非僅靠中國信用所能籌集；因此，俄國方面，乃代中國

作保。換言之，此項債款之擔保，應該首由中國關稅收入，其次則為中國全部財產；但中國方面一旦無力支付之時，則俄國方面即當力負此項債款安全之責。此外，余對於此項中國債款一事確亦著手進行，而且在巴黎市場方面。其參加者為下列數家銀行：Banque de Paris et Pays-Bas, Grédit Lyonnais, Hotinguer。上述各家銀行代表，特因此事，前來聖彼得堡。彼等並以此次代余辦理債款功績之故，求余幫助彼等，發展在華銀行事業活動，以促進法國該地市場。

因余個人努力經營，以及上述各位法國銀行家請求之故，於是由余建立俄華銀行（？）一所，其中實以法人資本為主。最初之時，我們國庫方面，亦為該行之主要股東，但到後來差不多完全脫離。自不幸的俄日戰爭以後，我們在華威信，損失極為不小。此項由余組成之俄華銀行（？），其中法國銀行方面、俄國方面，以及中國方面[3]皆有股份在內。自不幸的（俄日）戰爭以後，以及余離財部以還，該行大為衰落。現在該行已與北方銀行（？）。合併，於是成立一個新行，名為華俄道勝銀行（？）。當其我們既向中國表示如此重大贊助以後，於是其時甚與皇上接近之Uchtomski侯爵，因而特往中國一遊；以便一方面對於中國情形，加以較深了悉，他方面對於中國政治家，得以彼此相識。

當陛下加冕大禮時期將屆之際，各國派遣代表來俄，一如向來習慣。此項代表，大部分皆係各國皇室中人，或者高爵顯宦。中國代表則為李鴻章，乃係一位極為超群之政治家，其時正任中國最高職位。因次，派彼參與加冕大禮，乃係中國對於我們幼

---

[3] 中國資本，頗屬不少。

主，特別表示感謝之意。

其時我們西伯利亞巨大鐵路，業已築至Transbaikalien。現在我們必須加以決定，究將如何往下築去。當然是，余遂想到，宜將該路一直築至海參威並取道蒙古以及北滿地方；由此則該路之築成，將特別迅速，由此則西伯利亞鐵路確成一種世界交通大道，將日本及遠東全部，直與俄國及歐洲方面相聯。

關於此項問題，當用和平方法，以達目的，並用雙方商務利益之言為號召。余對於此種思想，誓以全力赴之；並囑Uchtomski侯爵辦理此事。余亦曾有機會，得向陛下奏陳此事。惟其間Badmajew博士適有故鄉Burjaten部落一帶之行，彼甚希望該路一直經過Kjachta，逕達北京。彼對於聯絡海參威之舉，認為不關重要。余對於此種思想，當然不能附和。第一，因余對於聯絡海參威一事，認為極有必要。第二，余更據理預料，此項直達北京之辦法，定將引起全歐反對我們。

而且西伯利亞鐵路之通行（依照皇帝亞歷山大第三理想）完全不是軍事政治的，乃是純粹經濟的性質，僅與內政一面有關而已。蓋皇帝之意，欲藉該路，以使我們沿海國境與其餘俄國各地，直捷聯絡。換言之，所有此項巨大西伯利亞鐵路，其在皇帝亞歷山大第三眼中以及皇帝尼古拉第二眼中，只有一種經濟的意義，只算一種純粹防禦的而非侵略的手段，尤其是該路決不用作任何將來征服行為的工具。

當Badmajew博士到了蒙古以及北京之時，行動極為蠢笨含糊。其結果直至Uchtomski侯爵方面以及後來余之方面，無不與彼完全斷絕關係。蓋因我們覺得其人實係一位聰明而狡詐之騙子，是也。

當其李鴻章既已由華啟程[4]，不久即將行抵蘇彝士運河之際。余乃向皇上言曰：倘若Uchtomski侯爵能到蘇彝士運河與李鴻章相晤，當極有益；蓋該侯爵前此曾與李氏相識，而且關係甚好，故也。而且余對此舉不僅認為有益而已，簡直認為極感必要；因余曾經聞知，其他各國，尤其是英國德國奧國，亦復甚為努力，設法吸收李氏。彼等希望李氏取道歐洲，然後前往聖彼得堡；余則極願李氏先行來到俄國。蓋余明知，若彼先赴歐洲，則彼勢將深受歐洲各政治家種種詭計之影響。

陛下准余所請，並命Uchtomski侯爵與余詳議，往彼相晤之舉。但皇上希望辦理此事，切勿惹人注目。於是Uchtomski侯爵先行前往歐洲，然後乘搭某船[5]，駛向李氏而去，遂遇彼於船出運河之際。其後李氏不顧所接歐洲各國政府請帖，決計偕同全部隨員，以及Uchtomski侯爵，共乘我們「俄國航業商務公司」的輪船，為余早經準備者，一直前往（黑海北岸）Odessa而來。

因Odessa為李鴻章所到的第一個俄國城市之故，余遂以為彼在該處應以相當敬禮招待。於是余乃將此奏明皇上，並請若能按照李氏位分，採用軍事敬禮，列隊迎接，並使李氏由此得睹我國軍容，當甚有益，云云。皇上准所請，並手諭陸軍大臣Wannowski照辦。但余在此處卻大碰官僚派妒忌習氣的釘子。在（陸軍大臣）Wannowski侍衛處如此，在（外交大臣）Lobanow-Rostowski侯爵處亦復如此。Wannowski侍衛既奉上諭之後，乃用函答余，略謂，對於採用軍事敬禮一事，彼誠然遵諭照辦，但彼甚欲一知，究竟從何時起，余在陛下之處，作此干預關於陸軍事

---

[4] 此係彼之初次外國遊歷。
[5] 大約在馬賽。

件之舉，蓋關於軍事敬禮事件，乃係陸軍大臣之事，非財政大臣之事也，云云。至於Lobanow-Rostowski侯爵，則希望李鴻章即在Odessa駐下，一直至於加冕之時；或者先到莫斯科，並在彼處候至加冕時節；總之，無論如何，不要遽來聖彼得堡；蓋在加冕之前來此，對於李氏，毫無意義，故也。

但是，李鴻章既已不顧他國所遞加冕以前先遊歐洲之請帖，一直取道Odessa，前來俄國；而彼之來此，又係我們特別派遣Uchtomski侯爵往迎所致；此外假如我們欲與李氏有所接洽，必須先在加冕以前為之；蓋加冕時節，每日皆為各種慶會所佔滿，實難得有機會，與彼接洽，故也。

因上述種種情形，余必須再向皇上奏明呈請，關於李氏直接前來聖彼得堡之事。

於是皇上不顧Lobanow-Rostowski侯爵之異議，允許李氏直向聖彼得堡而來。余乃下令特派專車，迎載李氏前來聖彼得堡。皇上命余擔任與李接洽之事。因此Lobanow-Rostowski侯爵遂與李氏未有接洽；而實際上該侯爵亦不能擔任接洽之事，蓋彼當時對於此項事件，固一無所知，而且對於我們遠東政治問題，亦復絲毫不感興趣，故也。

李鴻章首先前來財部，向余正式拜謁一次。隨後余即向彼回拜一次。自此以後，我們又復見面數次；於是開始協商中俄兩國關係之彼此諒解問題。

自始即嘗有人告我，若與中國大臣接洽，千萬不要著忙，因彼等對於此種著忙舉動，認為不是良好現象，故也。因此，必須十分緩慢進行，並用各樣中國禮節，加以點綴。

因次，當其李鴻章前來訪余，走入客廳之時，余乃身著禮

服，上前迎接。我們互相問候，極為繁重，彼此鞠躬，極為深低。於是余遂導彼來到第二客廳之內，並命人擺上茶來。余與李氏係坐著，而彼之隨員以及余之屬吏則皆站立。余乃詢問李氏，是否願意抽煙。彼於此時，遂發出一種聲音，有如駒嘶；立刻即有兩位華人，由旁室之中跑來，其一手攜烟筒，其一則持煙草。於是開始抽煙之禮；其儀式乃係李氏靜坐於此，只是一呼一吸；而用火點煙，掌握煙筒，取筒出口，送筒入口，諸事，則皆由旁立左右之華人，敬謹為之。李鴻章之意，實欲用此抽烟之禮，使余深得一種印象；但余之態度，卻故為沉靜，一若對於種種舉動，全未加以注意也者。

當然，值此初次拜謁之際，余無一語及於政治事件；我們不過互相問候數十次，彼問詢皇上健康情形，皇后健康情形，以及每個皇子的健康情形。余亦探詢Bogdychan（滿洲皇上）之起居，以及一切皇室近親之安康。此即第一次見面時節談話內容之全部。

在第二次會面之時，李氏對余，即已較為熟識。因彼現在察知，一切儀式皆不足使余得著特別印象之故，彼遂不復為此，而且忽然開始縱談不已。尤其是後來在莫斯科之時，彼此漸為親近，於是我們之交際情形，極為簡單與自然。

余之職位關係，嘗使余得與許多大政治家相識，而且其中並有數人乃係歷史上之不朽人物。在此一切大政治家之中，李鴻章之風度，卻使余所得印象特深。此次真可稱為一位大政治家，當然是一位中國人，絲毫未受歐式教育，但在他方面卻深具中國學識，尤其是具有一個極為健全明白之頭腦。彼在中國歷史及政府之中，關係極為重大，蓋在實際上，彼可算是真正統治中國

者也。

現在余遂動手，向李遊說，我們對於中國如何十分盡力，
得使中國整個存在；蓋因我們曾將中國不可侵害之原則，向眾宣
布，故也。我們並將永久堅守此項原則。只是我們必須得有相當
機會地位，如遇必要情形之時，始能實力幫助中國。但在我們未
有一條鐵路備此需用以前，則我們其勢無從幫助；蓋我們所有兵
力，皆在歐俄方面，而且必須常駐該處，故也。

因此之故，如遇必要之時，我們軍隊必須一面能由歐俄方
面，一面能由海參威方面，出發前往。當其中日戰爭之際，我們
曾調遣軍隊由海參威方面開往吉林方面；但是此項軍隊尚未行抵
吉林之時，而中日戰事業已終了；此無他，缺乏交通大道，故
也。此外，因為我們編製Amur境內軍隊之故，所有新兵必須由
彼運來，然後又運回去。因此為保護中國安全計，我們第一必須
先有一條鐵路；而且該路必須最為直捷以達海參威方面，如此則
非穿過蒙古北部以及滿洲境內不可。並且該路對於經濟方面，亦
復極感必要，蓋中俄兩國產品，由此可以增進。最末又言（其後
此言果為事實所證明）該路當可不會引起日本猜疑；蓋因此路在
實際上，確使日本由此得與全部西歐聯絡，故也。更因日本著名
的效法歐洲文化，至少對於文化外表與其一切工藝盡力吸收，則
該國對於此路勢當甚為歡迎無疑。

李鴻章當然安排著種種困難；不過余就談話情形觀之，覺
得彼固具有允許之意，若彼看見我們皇上果有希望此事之心。因
此，余乃奏明皇上，若能接見李氏當極有益。

皇上於是接見李鴻章，但含若干私人性質；各種公家機關報
紙，對於此種接見之舉，從未有人提及；此次接見之事，遂無何

等聲張，安然過去。

余記得十分清楚，在加冕以前，曾因某事舉行朝賀，而且在Zarskoje Selo宮中，恭向皇上敬致慶意。[6]每有敬致慶意之舉，則列席諸人，照例當作鵝式魚貫前行，直向皇上而進。當余接近皇上之時，皇上遂向余握手，天顏為之開展，更以細語向余言曰：「李鴻章曾來朕處，朕已將此事告彼。」

於是，余與李氏晤談，我們對於所有各點，皆歸一致，乃將中俄密約各項原則規定如下：

（一）中國方面允許我們建築一條鐵路，經過彼之領土，由赤塔筆直到海參威。但該路建築必須屬於私人會社經營。李鴻章對於余之主張該路由國家建築，或者該路屬於皇室與國家一事，絕對不能同意。因此之故，乃特組織「中東鐵路公司」一所。此項公司無論從前與現在，均是完全惟政府之命是聽；但因彼係私人公司性質，更因一切私人公司向來僅受財部監視之故，所以該路職員，均非國家官吏；乃係或與私人鐵路公司職員相等，或者奉命派往該處，其性質略似交部所屬道路技士之服務於歐俄方面各種私人鐵路公司者。

（二）所有沿路地帶，應由我們獲得，其寬窄以鐵路交通所需為限。換言之，便是一種沒收。我們在此沒收地帶之上，具有主人資格，土地亦復屬於我們，我們可以隨意處置管理，我們可以派遣本國警察保護，此即後來所謂「中東鐵路警衛隊」，是也。

6　此事在皇上前往莫斯科以前。

該項沒收地帶，應以鐵路必需者為限，而視為俄國之所有權，說對一點，而視為中東鐵路之所有權。至於鐵道路線尚待確定，但無論如何必須多多少少筆直的由赤塔以達海參威。中國方面對於鐵路建築及使用，均不擔負任何危險責任。

（三）他方面我們負責抵抗日本一切侵略中國土地之行動。

因此，我們遂與中國方面結成一種對日防守同盟。

上述種種，即為我們與李鴻章方面協商一致之重要原則。

其時前赴莫斯科舉行加冕大禮之期，日益接近。

李鴻章隨帶全體侍從，以及奉命護彼之俄吏，前往莫斯科。

余乃將與李會議之結果情形，奏陳皇上。皇上隨即授余全權，命與外交大臣Lobanow-Rostowski侯爵接洽。

余遂往晤Lobanow-Rostowski侯爵，告彼余已奉委全權之事。[7] 並言余與李氏已將所有各點，協商一致；但是僅係口頭約束，現在須將此種口頭約束，應用書面確定。

此際Lobanow-Rostowski侯爵，遂以其天生材幹，使余不勝驚訝。於是彼乃向余言曰：「請將君所辦到之事，詳細依次見告。」

余乃將我們約中各點，詳細的，有統系的，一一告彼。

當Lobanow-Rostowski侯爵既聞余言以後，彼乃提筆盡將全約各點，一一寫就。迨余誦讀之下，見其所書之詳細有序，實使余驚訝不已。蓋Lobanow-Rostowski侯爵將余所言一切，皆用極為超卓適當之詞記下，故也。當彼將其所書，給余觀看之時，乃謂余曰：「請君誦讀一遍，是否已經很好，或者君尚欲改正一二。」

---

[7] 彼當然早已知道。

余遂答以毫無可加改正之處。蓋彼將一切寫得如次超妙，彷彿彼曾親自與李接洽一樣。余並謂倘使余自行書此，則所需時間，必將較彼為多，或者尚不能寫得如此簡要云云。其後Lobanow-Rostowski侯爵向余言曰：明日彼將往謁皇上，並將此項草案進呈；倘若皇上允准，彼即將該項草案寄余。

次日，余從侯爵處得到草案，其間使余大為驚訝者，即其中有一條已經更改。按該條原來係謂我們與中國結成一種對日防守同盟；倘若日本攻擊中國地方或我們海疆，則我們及中國當負共同抵禦之責，云云。現在此條業已成為普通化，不復專指日本，乃係泛言，倘中國領土或我們Amur區域，如被任何一國攻擊之時，則我們及中國當負共同抵禦之責。

該條如此措詞，乃使余陷於不勝驚駭之境。蓋我們與中國結成防守同盟，究係僅僅對待日本，抑係對待一切國家，實有天大區別，故也。中國與英，以其彼此相鄰之故，亦有種種交涉；該兩國間時常發生意見，並有永久爭端。[8]其次，中國對於我們盟國法蘭西亦有種種交涉；蓋法蘭西據有安南東京，故也。此外尚有其他歐洲各國，據有租界以及其他權利等等。因此之故，我們擔任保護中國以抗列強襲擊一事，不僅是勢有不能，而且是倘若該約訂成之後，為任何一國探知，則許多歐洲國家，勢將群起反對我們。

因是，余立刻往謁皇上。並言Lobanow-Rostowski侯爵既聞余述與李交涉的結果以後，曾草成條約一件，並給余誦閱；當余閱後，隨即加以贊成。但是現在此約之中，已有一條，加以變更，

---

[8] 譬如關於西藏之爭端，一直繼續到今。

而且變更的十分危險。

皇上已領解此意，並謂余曰：「君可往見Lobanow-Rostowski，向彼告知此事，並令彼依照前此所書者書之。」

余乃向陛下言曰：余對此舉，頗有難行之處。蓋以Lobanow-Rostowski之年紀而論，可以當作我的父親；以其在職年限而論，亦遠較余為久；更加以此次一切與李會議之事，又皆係余擔任；倘若現在余將該侯爵所辦理者加以改正，則將謂余有意侮彼，並使彼對余仇視。余對彼當然無所用其恐懼，但終覺此舉，十分為難。倘若陛下一願屈尊，自向侯爵言之，則實較妥善多矣，云云。

皇上遂言：「朕將自行向彼言之。」

未幾，我們全體均赴莫斯科，舉行加冕之禮。

余在陛下之前，先到莫斯科；而李鴻章則更是在余之前，已到該處。余之全部時間，皆為關於加冕事件之種種公宴所佔去，但余對於李鴻章，卻未嘗加以怠慢。因余以為自我作始之談判，必須令其妥為結束，實屬非常重要，故也。

當其帝后車駕既入莫斯科以後，聖眷依照舊俗遷居Neskutschny Park宮中。隨後，余即往謁陛下，有所陳奏。

當余方正上前啟奏之際，而皇上已屈尊語余：「朕曾與Lobanow-Rostowski侯爵晤談，已將朕意告彼；謂與華同盟抵禦外來攻擊一事，若不限於日本，兼及其他各國，則實對於我們，甚為不便云云。該侯爵於是完全贊成，並允將草約中之此條，由彼自行更改，換言之，該約將照君之原案，加以改正。」

皇上向余，言得如此確切，使余深信不疑。自與皇上談話之後，余嘗數次遇著Lobanow-Rostowski侯爵，但余二人對於茲事彼此均未談及。

　　余與李鴻章繼續往下談判。並欲與彼除了此項重要條約，我們獲得建築鐵路，直達海參崴的權利之外，再行結成一種中俄友誼與防守條約。因為中國係將築路權利給與私人公司之故，余遂決計，此項權利應行給與俄華銀行；蓋該行此時業已成立營業，故也。因此，現在所應設法者，即一方面由李鴻章代表中國允許建築中東鐵路之權利，並將此項權利授與俄華銀行。他方面同時俄華銀行又用特別手續，將此權利移交中東鐵路公司。此事之所以如此辦理者，因為在中國皇帝批准中東鐵路權利之前，中東鐵路公司尚不能組成，則李鴻章當然亦不能將此築路權利授與尚未成立之中東鐵路公司。而中東鐵路公司之組織，又必須待至此項權利完全有效之時方可。但是現在此項權利尚未完全議定，而且與李鴻章方面磋商，亦不能十分迅速議定；蓋其中已有種種細目問題，須加以多少仔細整理。不過余之手中甚欲執有兩項文件：其一，為中俄密約，依照該約，中國方面應允給與一家俄國公司，建築中東鐵路，經過蒙古滿洲之機會。其二，則為中國政府與任何一家俄國公司所結關於建築鐵路之合同。於此最為適當者，自然首推俄華銀行。但是僅僅如此，該行尚不能利用此種極有價值之權利。余乃同時準備一種草約，以與該行相訂。按照該約，所有全部事宜，應由該行移交中東鐵路公司。而且此項公司之組織，應由俄國政府任之。於是首應從事者，即係先與中華帝國主要大臣全權代表李鴻章訂立一種密約。因此先行定下一個訂約日期。俄國方面全權代表則為Lobanow-Rostowski侯爵與余兩人；中國方面全權代表則為李鴻章，蓋彼其間已奉北京來電授與畫約全權；屆時同到外交大臣寓所，依照普通習慣儀節，採用一切正式手續，將約畫押。此種條約照例書在特種紙上，格外小心

美麗抄寫。其次即由各位全權代表畫押，簽名之下，更附以全權
代表圖章。

　　到了預定日期，我們齊到莫斯科外交大臣寓所；該寓所係在
加冕期間，特為外交大臣租賃者也。一方面為俄國全權代表與其
屬吏，他方面則為李鴻章與其全部侍從。

　　當其我們彼此聚首，圍坐棹旁之時，Lobanow-Rostowski侯爵
乃向我們言曰：此項行將簽押之約，非常重要。此約內容，所有
全權代表，換言之，即是彼與我以及李鴻章三人均已深悉，所以
無須再行誦讀。並曾交給李鴻章之同事諸人閱看，彼等當已向李
稟明。其中各條皆係精確按照約定所書，並經書記審查，我們只
須畫押簽名而已。又李鴻章之同事（諸君），或欲再行審讀一
遍，亦未可知。

　　照例，此種條約共應簽押兩份；其一為我們方面保存，其一
則為相手方保存。因此，其中一份交與李鴻章之同事，以便其審
閱；其他一份則由余加以審查。蓋余欲藉此察驗，究竟關於我們
負責捍衛中國一條，是否一如初次草稿所擬；換言之，我們負責
捍衛中國，只以日本攻擊為限。

　　余忽然看見該條，使余驚該萬分；蓋其中詞意，非如初次草
稿所擬，乃係按照後來Lobanow-Rostowski侯爵所改擬者。

　　因此，余乃走近Lobanow-Rostowski侯爵身傍，請其暫到側
邊，低聲向彼耳語：「侯爵，該條並未修正，一如皇上所希望
者。」蓋余以為該侯爵乃係故意如此為之。但其間使余不勝驚訝
者，忽見該侯爵以手摸額，並且言曰：「啊呀，上帝！余忘去吩
咐書記應將該條依照初草稿所擬，改寫。」但是彼卻未嘗絲毫狼
狽失措，彼只將時計一看，業已十二點一刻。於是彼乃拍掌數

下，立刻即有侍役上前，彼遂言曰：「擺上早餐」。蓋原來預擬簽押完竣之後，即在彼處早餐，故也。

於是該侯爵乃向著李鴻章以及其餘在場人員，言曰：「現在已是十二點以後，我們先吃早餐，否則食品將寒；一俟吃完之後，再行簽押。」

因此，我們全體前去早餐，只留書記二人，利用我們飲食期間，重將條約改寫一遍，而且按照，前在聖彼得堡時，該侯爵依據余之報告所草成者。是以吃完早餐之後，棹上所放之條約，已改寫完畢，但在實際上卻是最初所擬詞義之下，加以簽押。

該項條約實係一種極為重要之事件。假使我們能始終守約不渝，則我們俄國可以省去一場十分可恥的日本戰爭，我們至今猶能穩立在遠東方面。

惟此後余將尚有機會再行紀述者，即我們自己將此條約違背。一半出於惡意，一半由於輕率。因而竟使我們在遠東方面，限於如此地位，直至今日未變。

條約既結以後，遂由中國皇帝與俄國皇帝批准。該約實應作為所有我們對華關係，所有我們遠東地位之基礎看待。

李鴻章於訂結條約以後，一直留至陛下離開莫斯科之時。余常有機會與彼會晤，或者彼來謁余，或者余往謁彼。李鴻章寓在一所私家房屋之內，乃係以彼代表中國皇帝之資格，特別為彼租賃者也。

彼漸與余相習，因此，彼每值余在場之時，已不復擺弄所有中國各種愚蠢（架子）。彼常有幾個衛兵在側。但是所謂衛兵，在中國方面之意義，略與我們不同。我們所謂衛兵，乃係崗兵警士，用來保護其人之身命與健康，以防各種惡意襲擊。至於中國

所謂衛兵，則係謹細服侍其人之身體，因此常在左右不離。早晨則為彼穿衣，晚上則為彼脫衣，日間則為彼按摩，擦以各種香味藥油。總而言之，彼輩乃係專為服侍其人之身體者。而且李鴻章甚至於當余在座之時，往往竟令衛兵從事若干此類行為。

有一次余在李鴻章處，忽報（土耳其斯坦）Buchara王公（Emir）車駕訪謁。李鴻章立刻整飭美觀，嚴肅坐在椅上。當其Buchara王公與其全部侍從走入客廳之時。李氏本係坐在該廳之內，於是起身向著來賓前行數步，並致問候之辭。

因為余與彼兩人皆係熟識之故，所以未曾離去，即與彼等共坐該處。Buchara王公見李之自大態度，頗覺被其侮辱。因此特向李氏聲明，彼為一國元首，此次所以前來拜謁李氏者，乃係尊重中國大皇帝之故，云云。該王公在此全部拜訪時間之內，只向李氏詢問（中國）皇帝以及太后的起居；而對於李鴻章的起居，以及李鴻章這個人，則簡直毫不關心。此種舉動對於素講儀式之華人，當然認為十分侮辱。

至於李鴻章方面，則所有全部時間皆只是詢問該王公的宗教一事。李並向彼聲稱，中國人乃係謹守孔子學說者。而且李氏語語不離宗教，總是歸到該王公及其人民所奉究係何教之問題。於是該王公乃向李言曰：彼係回人，因此所奉者為謨罕默德所建立之宗教信條；並將該教內容，加以解說。

解說之後Buchara王公即行起身，而李鴻章（或係彼的自己主意，或係由於旁人告彼）則將該王公伴至車前，而且李氏舉動態度，好像在此Buchara王公之前，不禁變成十分卑小一樣。

余乃暗思，你看，Buchara王公給與李氏之印象何等深大。該王公不過僅僅表示彼為一國元首而已。

當其該王公業已坐入車中，車身方正開動之際，李鴻章忽然大呼一聲。於是車子復歸停止，時有俄國某軍官係任該王公之翻譯。同坐車中，乃詢曰：「請問，有何見教？」

於是李鴻章言曰：「即請轉語王公，余有一事忘去告彼，此時方才想起。彼之開宗祖師謨罕默德從前曾在中國。其後因罪被罰，揭示於眾，並將彼逐出中國。大約彼即偶然竄入該地，並為伊等建立宗教。」

此舉之出人意外，竟使Buchara王公對於如此結局，一時昏惑不知所措。至於余之方面，則十分明白，此乃李鴻章對於該王公做出元首自大樣子之報復手段。

於是李鴻章十分滿意，回到客廳。因為其時業已不早，余乃辭彼歸家。

假如我們一閱當時官式報紙消息，則將覺萬事皆有記載；譬如對於各國元首之到臨，對於一切重要人物與其代表，對於皇上如何接見彼等之情形，以及彼等加冕之後離開俄國告辭皇上之情形，等等，……皆由政府公報加以記載。總而言之，所有此等貴賓及陛下之一舉一動，皆有官式報告。其最少為人提及者，當為李鴻章氏。彼在聖彼得堡與莫斯科兩處之被皇上接見，以及加冕事畢，彼從莫斯科回來之後，再被皇上接見，均未嘗為人道及。對於該項十分重要之中俄密約，更無一字洩漏；其中只有一部分可令歐洲方面知道者，即中國曾經給與俄華銀行建築中東鐵路之權，以便延長西伯利亞鐵路，是也。蓋此舉實際上不能隱瞞，因為實行莫斯科條約則中俄兩國代表勢必對於建築中東鐵路之權利，加以確實規定，故也。所有關於此項權利範圍之解釋，以及我們由此所欲達到之目的，等等，皆由余一一告述余之財部屬員

Peter Michailowitsch Romanow辦理。該員乃係一位極為超卓熟練之官吏，已於前數月在Zarskoje Selo物故。彼為參院議員，並任該院預算委員會主席[9]——在中國方面擔任起草辦理此事者，則為聖彼得堡方面之駐俄華使，此人並同時兼任柏林方面之駐德華使一職。通常習慣，一年之內，冬春兩季，彼在聖彼得堡，夏秋兩季，則在柏林。現在關於此項權利事宜之起草商決，既恰在夏天之際，所以P. M. Romanow特赴柏林，依照余之訓令，與該華使，共同商決此項草案，其後此項草案遂由中俄兩國政府加以批准。

余自己不能辦理此事，因為加冕之後，余必須前赴Nishnij-Nowgorod所開之展覽會，故也。其後余又必須前往Wolga，因當時該處政府，方正採行白蘭地酒專賣辦法，故也。余在財政大臣任內每遇各地政府採行白蘭地酒專賣辦法之際，余無不前赴該地政府，加以考察，究竟此種改良辦法成績如何，以及將來處置此事，所應取之一切手段。

---

[9] 係投票選出。

2 加冕（Chodynka）
與日締結高麗條約[10]

　　余不願詳述因莫斯科加冕大典所發生之一切慶祝宴會等情形，亦不願詳述所有依照舊俗先期制定之一切典禮狀況──余所欲談者，乃係一種可悲可痛之事變，在禮單之上所未有者，是即所謂Chodynka事變是也。

　　通常習慣，每當加冕之後，特為國民舉行大慶一次；並由皇上頒贈人民物品，其中大部分，或者可以說全部分，皆係食用物品；換言之，即是一場群眾大宴，並用皇帝名義，加以款待。

　　其後，則在離城不遠之郊外大場，舉行各種民間遊戲。通常，皇上往往親身前去，一為觀察，究竟彼之人民，所受款待如何，快樂情形如何。

　　是日人民皆已趕赴該處，皇上亦將於午間來此，參與音樂大會。該會係由巨大樂隊組成，為著名之樂隊指揮者Ssafonow所指導。該隊並將演奏一篇特別樂章Kantate，係專為加冕大典所譜製者。從清早起，此種款待人民之舉，即已開始進行。

　　當余方正命駕前往登車而上之時，忽聞人民聚集慶會之Chodynka大場，早晨曾發生一種大禍；盡因該處人眾擁擠不堪，其結果竟至踏死擠傷人數，計有兩千之多。

---

[10] 編按：俄文原本為第三章。

在此印象之下，余乃乘車直赴Chodynka大場，所有其他往赴大慶之人，其心情亦復如此。余之腦中則更苦思不已，究竟此種擠成殘廢之人，應將如何處置？此種被擠而死之屍，應將如何安排？究竟此種尚未死去之人，是否已經分送各種醫院？此種屍首能否移往他處，以免其餘群眾，皇上，外賓，以及成千之侍從，看見？繼而余又思道：皇上是否因此大禍之故，將令該處慶禮改為喪禮，不開音樂大會，而設立祈禱大會？

當余行抵該處之時，卻已不見何種特別痕迹，彷彿未有此種大禍一樣。蓋早上之時，已將一切移開；所有各種痕迹，皆已掃滅乾淨；眼睛之中，實已一點不能看見；凡遇可以察出大禍遺跡之處，皆設法加以遮掩粉飾。但是凡往該處之人，當然心中腦中，皆有此項大禍一事，固無不立於此種印象影響之下。

李鴻章亦復偕其侍從乘車前往該處。當彼走到演臺之際，余乃趨前與彼相見；彼遂向余問詢，而由彼之譯官轉譯[11]：「發生大禍，死傷兩千之事，果真確實嗎？」

因李鴻章似已盡知詳情之故，所以余雖心中不願，卻仍答道：「不錯，確有此種禍變？」

於是李鴻章復又問道：「請君語我，此種禍變，是否當然不向皇上詳細奏報？」

余乃言曰：「此事當向皇上奏報，毫無疑義；余個人並相信，此項禍變發生之後，皇上即已立刻聞知一切。」

於是李鴻章連搖其頭，並謂：「你們政治家真是毫無經驗之人。請看，當余身任北洋大臣之時，該處曾發生大疫，死者萬

---

[11] 因為李鴻章只會說中國話之故，所以我們交際，常用譯官轉譯。

人。但余卻時常上奏皇帝，該處一切均屬照常無恙。當其有人向余問道：尊處有無染疫之人？余乃答曰：毫無染疫之人，所有居民健康，完全如故。」

李鴻章言至此，似乎作一段落，隨又言曰：「請你說一說，我何苦將此本省人民死亡之事，以使皇上憂心？倘若我係你們皇帝的官吏，我定將一切隱瞞不報，何苦去使他怪可憐的來憂此事？」

余聞此語之後，乃自思道：我們究比中國進步。未幾，各大侯爵與皇上之駕到此。其間使余驚訝者，即此次慶禮並不取消，仍按照原來計畫次序進行。音樂大會仍在著名的樂隊指揮者Ssafonow之下舉行。大家均做作好像沒有此次大禍一樣。只是皇帝臉上現有若干憂色。余相信，倘若皇上依照自己情意行事，則所有此次慶宴，或將根本撤消，而代以祈禱大會。但是彼一定曾受他人不良慫惥；而且用不著特別推測，即知此種慫惥係由莫斯科總督督Sergei Alexandrowitsch大侯爵為之。該大侯爵曾娶皇后之妹為婦。彼在當時，以至於彼之死亡，實為最與皇上接近之人，極使皇上受其影響。

大家雖然決計對此可怕大禍，不願加以聞問，不願加以注意；但在莫斯科方面，自然仍是引起一種特別景象。亦與平常一樣，在上層方面則引起內廷黨派相爭，引起許多奸計詭謀。

至於我們若究此種禍變何以發生，誰應擔負其咎，則可以立刻尋出答案；即是，缺乏組織，乃為一切禍根，實無人應負其咎。

當時莫斯科警察長為Wlassowski上校。其人曾任波羅的海某

城警長之職。[12]後來彼以具有魄力萬事不怕之考語,被人薦與大侯爵。換言之,其人似乎甚為勝任維持莫斯科秩序之責。彼之前任則為Koslow將軍,乃係一位極為端正之人,但其性質卻不適於「警察資格」。

Wlassowski之態度[13],乃係屬於一流人物:即是,我們對之,只須用眼一望,接談十分鐘,即可知道其人為何如。如此一流人物,即俄語所稱為Cham[14]者,是也。其人所有全部空閒時間,皆消磨於飯館酒會之中。乃是一個狡詐的小子,具有一副應打嘴巴的面孔。在莫斯科警廳之中,彼曾採用通行賄賂之法,並且定為成例。從表面上看,彼似乎真正能將莫斯科秩序維持幾分。此外,彼更是善於順人意旨;所有Sergej Alexandrowitsch大侯爵署中之人,與彼周旋,並不視作一位正經人士,乃是當作一種Cham看待。彼對於大侯爵署中一切(好劣)委託,無不敬謹奉行。

該警察長現在於是宣言:所有關於Chodynka大場之一切安排布置,一切遊戲設備,一切款待事宜,皆由內廷大臣辦理。因此,警察方面對於場中布置,未嘗參與,所有一切皆屬於內廷大臣權限之內。反之,所有場外秩序,凡與警察職權有關者,蓋無不井井有條,並未發生任何事變禍患。至於此次死傷如許眾多之禍變,其發生之原因,乃係群眾爭獲皇上賞賜,因而擁擠不堪,以致被壓受踏者,竟有兩千之眾,其中婦女小孩不少。

其在內務府代表方面,則又宣稱:彼等誠然承辦關於散給賜品設備遊戲之事,但對於場上秩序之維持,則非屬彼等權限,乃

---

[12] 似在Riga。
[13] 就余所已領教者而言。
[14] 光棍、騙子。

係莫斯科警察之職。其間如有紛亂情事發生，則其咎不在內務府方面，而全在警察廳方面。

莫斯科總督Sergej Alexandrowitsch大侯爵當然力代彼之警察辯護。向使莫斯科總督一職，非係該大侯爵擔任，而係他人擔任，則對於此次事變，莫斯科總督當然為第一負責之人；其次則為內廷大臣Woronzow-Daschkow伯爵。

Woronzow-Daschkow伯爵，在先帝亞歷山大第三之時，即已身任內廷大臣。因為彼之雄地位關係，嘗於幼主方面享有一種特別聲望。此次彼對其屬僚，亦復同樣袒護。彼謂此次事變，究與彼等（內廷人員）何關？所有過失皆在莫斯科官署方面，尤其是（該地）總督。

在此相反主張之下，範圍日益擴大，於是不久成為兩個黨派：其一，則為Woronzow Daschkow伯爵一派。該伯爵曾深得已寡皇太后Maria Feodorowna之寵幸，固為世人所知；而太后當時對於皇帝方面，猶有極大勢力，於是該派不畏勞煩，永遠堅謂，所有過失皆是只在莫斯科警察一面，其他一派分子則屬於下列一流人物；即彼輩認為袒護Sergej Alexandrowitsch大侯爵方面，實是於己有益，是也。因此彼輩主張，大侯爵與其警察，對於此次事變，全無關係；只是內務府人員，當負一切過失之責。此外還有許多人，不知究應加入何派方面：莫斯科總督一派呢？抑內廷大臣一派呢？蓋因彼等尚未十分明悉，究竟皇上方面誰人勢力最大：已寡之皇太后呢？抑Sergej Alexandrowitsch大侯爵呢？

最後，遂將此次事變之調查責任，委託當時司法大臣Nikolai Walerianowitsch Murawjew辦理。該司法大臣之調查記錄，乃係一束至今尚屬祕密的特別文件，並藏在余之檔案內面。Murawjew敘

述該項禍變全部以及發生情形，極為詳盡；僅關於過失問題，則彼或者設法避開不提，或者表示一種全係主觀之見解。蓋N.W.Murawjew個人之為司法大臣，係由該大侯爵所庇護。在此以前，彼曾為莫斯科法庭之檢查官，與大侯爵甚為接近。

N.W.Murawjew之奉命調查該項事變，在莫斯科方面，即已認為大侯爵勢力頗佔優勢之朕兆。惟此項勢力，繼續並不甚久；蓋其後內廷大臣方面之勢力，漸趨強大，並有皇太后Maria Feodorowna為其後援，故也。

因此，復命從新調查，並令舊任司法大臣Pahlen伯爵辦理此事。該伯爵乃係一位極可尊敬之人，並為此次加冕大典特置之最高禮官。彼之調查記錄，余未得讀；在官式方面，余亦未嘗接到何等關於此項調查結果之通知。但余卻有數次，曾從該伯爵處聞知，彼嘗尋出證據，其重大過失，實在莫斯科警察方面，以及莫斯科官署方面。而非內廷大臣方面。換言之，Pahlen伯爵係以此事歸罪於莫斯科總督。

在禍變發生不久之後，調查手續尚未結束之時，Pahlen伯爵一時太不小心，竟向宮中宣稱：此次事變之所由起，即係嘗以重大位置任命各大侯爵之故。凡各大侯爵身任重職之地，不是時常發生禍變，便是紊亂毫無秩序，云云。因此之故，各大侯爵無不群起反對Pahlen伯爵。

Pahlen伯爵關於調查結果，曾有詳摺奏呈皇上；而且皇上曾在摺上，加有批語；此事余本習知，但批語內容雖經Pahlen伯爵告余一次，但余現在卻已不能記憶。余所知者，只是此項批有皇上硃諭，甚使Pahlen伯爵不樂之奏摺，現藏在Mitau附近伯爵邸內之稿件中間。

（增補之文：陛下在Pahlen伯爵摺上所下批語，本極恭維；但數日之後，Sergej Alexandrowitsch大侯爵從莫斯科前來，於是此事完全變更。）

最後，此項死傷如許眾多之事變，乃以警察長Wlassowski一人，獨負其責，免職而去了事。由此遂將此事掩飾過去。但在俄國史書之上，尚將繼續流傳下去。

其後Pahlen伯爵亦復一時被置閒散地位。但皇上對彼感情，終未變更，不久仍如前此眷愛，一直至於今日。惟自此以後，Pahlen伯爵不復再得重要差使，而彼之年紀老邁，當亦為其原因之一也。

至於N.W.Murawjew個人，則宦途極為順利，深蒙Sergej Alexandrowitsch大侯爵之庇護，余對此事，以後或將再為談及。

當五月三十一日Chodynka禍變發生之日，法國大使Montebello伯爵[15]曾有跳舞大會之設。該大使因其夫人之故，十分豪富；同時更因彼之為人，尤其是彼之夫人為人，十分漂亮；於是頗受皇室貴族方面之歡迎。該項跳舞大會，預擬大為鋪張；而且皇帝皇后亦將列席參與。（是日禍變發生之後）余等終日皆無所知：究竟此項跳舞大會，是否因此禍變停止舉行？抑或照舊舉行？其後聞得，此項跳舞大會並不停止；但大家揣測，皇帝皇后將不赴會列席。

到了預定時間，余乃前赴此項大會。同時掌管請願書事務之局長Dmitrij Sergejewitsch Sipjagin，以及Sargej Alexandrowitsch大侯

---

[15] 後為侯爵。

爵亦到。當余等方纔會見之時，於是乎彼此皆自然而然的談及禍變一事。大侯爵乃言曰：許多人皆勸皇上，轉請（法國）大使將此大會改期舉行；無論如何，皇上自己總不宜前去赴會。但皇上並不贊成斯議。此次禍變，照彼觀察，誠然算是巨大不幸，惟加冕大慶，卻不應因此愁悶減色；所以對於Chodynka禍變一事，應該完全置之不理，云云。余聞此語之後，不禁追想中國大政治家（李鴻章）之言；蓋即是日早晨，余嘗聞之於彼者，是也。

未幾，皇帝皇后駕到。跳舞大會於是開始。皇帝係同Montebello伯爵夫人跳舞，皇后則偕Montebello伯爵跳舞。惟皇帝不久即行離開跳舞大會而去。

皇上氣色甚為不樂。蓋此次禍變，確使彼精神上感受影響不小。假使彼對此間舞會以及其他宴會，一一依照彼之心意行事，則彼當必不如此為之也。

在莫斯科方面，並曾與日簽訂一種條約。所有關於此項條約之談判，皆由Lobanow-Rostowski侯爵擔任。余對此種談判，誠然亦當參與，但只居次要地位。余以為此項條約，頗獲勝利。蓋依照該約，俄日兩國在韓勢力，彼此加以劃分；但是俄國方面，卻能始終保存其在韓優勢地位。

日本代表對此，頗表示容許。依照該約，我們得有派遣軍事教官，以及數百兵士留駐韓國之權，因此，無論軍事與經濟方面，我們皆佔優勢。蓋我們依據該約，得置一位財政顧問於韓國皇帝之側；而實際上則該顧問實與韓國財政大臣無異。惟俄日在韓勢力，應該彼此對等；日本之在韓國亦與我們一樣，得有設置工廠從事商業之權。所有一切財政利益，凡一方面可以獲得者，他方亦應獲得。故余謂該約甚為有益，已如上面所言。

　　因此俄日兩國在韓勢力，遂以確定劃分，而且其時韓國業已宣告獨立自主。蓋在中日戰爭以前，韓國乃係中國自治區域之一，完全立於中國勢力之下；其後中日合約遂認韓國為獨立自主國家。

　　在他方面，我們因為中俄密約之故，[16]又曾獲得建築鐵路通過蒙古滿洲以達海參威之權；因而我們從此得有一條頗含重大政治經濟意義之鐵路。但是我們必須特別加以聲明者，尤其是余之個人可以完全自信不疑向人加以聲明者，即該路決不用作任何侵略慾望之工具，只應作為東西民族彼此接近之媒介——物質的與精神的接近。而且只應作為精神感化之用途，換言之，即是（歐洲）新文化，基督教文化，向著黃種民族古舊異教文化，表示其特別優善超卓而已。

　　余與李鴻章甚為友善。彼曾屢次向余言曰：彼以俄國友人資格，甚勸余等，千萬勿要超越路線，向南而行。因為倘若我們竟自為之，則勢將引起華人方面之激動。而普通一般華人對於歐人又未絲毫了解。每見一個白人，無不視作惡漢。只須錯行一步便可引出極壞可悲之結果，無論對於俄國中國莫不如此，云云。所有李鴻章此項勸戒，對於余之個人，實為一種贅言。蓋余乃係亞歷山大第三理想之忠實信徒，[17]始終誠心奉仰和平思想。而且余以為我們人類如能實踐基督第一戒條：無論何人皆未具有殺傷同類之天賦權利，則基督教義始可獲得實效趨於繁盛之途也。

　　余之所以記述李鴻章此種動人忠告者，蓋欲由此證明，李鴻章在一切中國政治家內，其優秀傑出為何如。若由我們歐人視點

---

[16]　此事已於前章述及。
[17]　亞歷山大第三曾被其子於著名宣言書之中，稱為「和平創始者」。

觀之，則李鴻章乃係一位未受教育沒有文化之人；但自中國文明
視點觀之，則李鴻章固係一位富具學識極有文化之人也。

當時皇上，無論在精神方面與心地方面，皆係至為良善。因
此，余若將李氏忠告之言，再行轉達皇上，實屬多事。蓋余深信
皇上之視中俄條約，亦復除和平目的外，實無他意。至於該約之
所以必須祕密者，並非因為俄國得有築路權利之故；蓋我捫於中
國為日所敗之後，曾盡力幫助中國，此項權利乃係當然之事，故
也。其所以必須祕密者，乃是因為同時結有一種對日防守同盟之
故；蓋欲前此日本戰敗中國時所發現之一切情形，以後不至再行
產生故也。

3 遼東半島之占領[18]

一八九七年，正值防疫委員會某次開會之際，外交部方面忽然送來已經譯出之特別快電一件，並即交與外交大臣Murawjew伯爵[19]。該伯爵將電讀後，隨即給余，並表現一種頗受刺激之態。該電之內，乃係德國戰艦業已開到青島港內[20]。

余讀罷之後，乃向Murawjew伯爵言曰：希望此次德人佔領該港一事，或者僅係暫時之舉，不久彼等當仍退去，倘若彼等不去，余相信俄國以及其他列強，必將逼迫彼等退去，云云。

Murawjew伯爵對余此言，並不加以回答；蓋彼既不願說「是」，亦不願說「否」，故也。此外，余對此項消息之來，完全出於意外，而在該伯爵方面，則似乎不然。

數日之後，此項事變消息遂明白披露。德國外交方面聲稱：德國戰艦之所以開到該港者，係欲由此要求中國賠償刺殺德國教士一事，云云。但是此處令人深覺奇怪者，即為此事，竟至於需用如彼重大艦隊；而且該艦隊並派兵登陸，遂將青島佔領。

未幾，[21]余與其他幾位大臣，接著Murawjew伯爵來函，係請余等列席御前會議，討論一種條陳，並由陛下親自主席。

---

[18] 編按：俄文原本為第九章。
[19] 譯者按：此人與第二章中之司法大臣同名，但非一人。
[20] 膠洲。
[21] 在十一月初旬。

參與此項會議者，計有陸軍大臣Wannowski，海軍代理大臣Tyrtow，外交大臣Murawjew伯爵，以及余。

該條陳之意係謂，因德人佔領青島之故，此際對於我們，恰是一個良好機會，亦復佔領中國一個海港，或是旅順港口，或是附近該處之大連灣云云。

Murawjew伯爵於是乃發言曰：彼認為此種佔領，或者說對一點，此種據為己有，實是恰合時宜。蓋俄國在太平洋方面，頗需佔有一個港口，而該處兩個海港[22]，照其軍事形勢而論，確是極為重要故也，云云。

余反對此議，最為堅決。余謂，我們既已主張中國不應受人侵略；並因保持此項原則之故，乃迫日本退出遼東半島，而旅順、大連亦即屬於此項半島之中。而且我們既與中國訂結對日防守同盟密約，我們負責代華抗禦一切日本侵略慾望。現在我們此類侵奪行動，實為違反條約，達到極點。即或我們對於上述各種反對理由，暫行不問，而專從自私論點出發，則我們此項行動，無論從日本或中國方面觀之，均將自行陷入十分危險之境。蓋我們中東鐵路現始著手建築，該地對於我們感情極為良好，但是假如我們一旦佔領旅順或大連，則勢將引起中國反對我們，盡將彼等前此對俄好感，一變而為惡感，云云。其後余又謂，我們如欲永將佔領之地保住，則其勢非設法使中東鐵路與該地聯絡不可。此外，我們必須再築一條支路，行經滿洲[23]穿過奉天現代中國皇室發祥之地。所有上述種種，將使我們發生無限糾葛，恐將獲得一個最可悲痛之結果。

---

[22] 旅順或大連。
[23] 該地中國人口極繁。

陸軍大臣Wannowski竭力贊助Murawjew伯爵之議。該大臣自謂，彼對於重要外交問題，誠然不能加以評斷；但若外交大臣以為此項行動毫無危險，則彼以陸軍大臣資格，甚贊成佔領旅順或大連之議，云云。

海軍大臣對此問題，並不表示意見。但云：依照彼之見解，假如俄國海軍能在高麗海岸得一港口，以作根據，直與太平洋方面接近，當較為便利；至於旅順大連之地勢，並非恰如海軍部所希望者，云云。

因余認為此項行動，乃係一種極為不祥之舉，勢將得一可怕結局之故，乃與外交陸軍兩大臣，數次激烈辯論。余並謂，無論日本與英國方面對於此事，皆將不能袖手旁觀云云。而Murawjew伯爵則謂：彼願對此擔負全責，而且彼相信無論英國與日本方面，皆將不至因此採取何等對抗行動，云云。

余之竭力抗辯，終使皇上贊成余意。[24]於是是日議事記錄之中，乃書陛下對於外交大臣之條陳，未能加以同意，等語。

至於Murawjew伯爵之為人，乃係極為虛浮，總想隨地皆能顯露頭角。彼之心中嘗覺不寧者，即在彼接任外交大臣以前，余與Lobanow-Rostowski侯爵之遠東政策，竟能如此勝利；我們一方面既獲建築中東鐵路之權，他方面我們在韓勢力復極佔優勢。[25]而其間我們卻又贏得中國方面之十分友善關係，同時日本方面亦無敵視我們之情形。蓋日本當時竟能因為我們之故，安然自願退出遼東半島；而且日本又因我們西伯利亞鐵路直達海參威之故，預計必有大益可得，亦復甚為滿意；蓋該路能使日本更與歐洲列強

---

[24] 皇上對於余之抗議，雖然心中似乎不以為然。

[25] 對於日本而言。

再為接近一點，故也。

在那日會議之中，余並曾言曰：余實不能了解此種邏輯：假如德軍開到青島之意，係在佔領該地，而我們對於此舉，若是不以為然，則我們儘可迫勸德國取消此意；即或德國行動不合道理，並且我們對於德國佔領該地，又復認為不利；而我們亦不能由此遂下斷案，竟謂我們必效尤德國，去作強劫中國之行為。此外中國與德並非同盟，而與我們卻為盟友。我們曾與中國相約，代彼抗禦外敵，而現在我們自己卻忽然將彼土地奪去一塊，云云。數日之後，其時前次議事記錄，業由皇上批准，余當日因有陳奏之事，往謁皇上，頓覺情形有變。皇上乃向余言曰：「Sergej Juljewitsch，君是否知道，朕決計佔領旅順大連，並已派遣我們艦隊，隨載陸戰隊伍前往該處，云云。」皇上隨又補言：「朕之所以為此者，蓋因前日會議之後，外交大臣曾來朕處報告；謂英國艦隊現到旅順大連之前巡遊；假如我們不佔上述兩處港口，則英國勢將取去，云云。」

此項由Murawjew伯爵奏報皇上之消息，其後余由英國大使處探悉，並非確實。英國戰艦誠有數隻前往旅順附近巡行，但其性質，只是對於德國佔領青島之舉，作一示威運動而已。英人方面毫無佔領該處任何港口之意。

皇上對余所言，使余不勝苦惱之至。當余退出皇上御齋以後，遂在前廳之內遇著Alexander Michailowitsch大侯爵，彼對於我們戰艦之計畫，似已知之。彼乃開始向余談及此事；但余卻不顧與之談論，只是言曰：「請殿下記著今日勿忘！殿下當看見此項不祥舉動，將得何等可怕的結果。」

余從皇上處出來，遂由Zarskoje Selo方面，直赴德國代理大使

Tschirschky處。蓋其時Radolin侯爵，正在假期之內故也。

余曾與Tschirschky[26]晤談。余謂彼曰：當德皇從前在此之時，曾向余言道：假如余有事件向彼詢問之處，或者余有意見向彼陳述之處，請余不必羞怯，直由（德國）大使轉達，可也，云云。現在此種機會，可謂業已到臨。所以余甚望彼[27]轉電德皇：謂余懇切權彼求彼[28]，無論為余祖國或彼之祖國計，均望對於處辦青島罪犯一事[29]，或處以死刑，或要求賠償，皆可依照彼意為之，惟望彼之戰艦隨即退開青島而去；否則此種（佔領）行動，勢將引出（他國）其他行動，造成最壞結果，云云。

不到兩日功夫，Tschirschky遂來余處，並以德皇回電示余。該電係云：「請告Witte，余從彼之電內看出，彼對於此次事件中之幾項重要情形，尚有未能明悉之處，所以我們不能從彼之勸。」

於是，余乃想起Alerei Alexandrowitsch大侯爵向余相告之言；余又想起兩位皇帝在Peterhof並駕出遊一事；最後，余更想起Murawjew伯爵在防疫委員開會之時，那樣沉默情形。

後來Murawjew伯爵欲替自己辯明，曾向余言曰：「當時閣下之意，以為假如我們對於德國行動不以為然，則儘可迫勸德國取消此舉，而我們自己則不應侵襲中國云云；但是我們對於德國卻無從迫勸，蓋因我們前此太不小心，對於德國該項行動，早已表示同意，故也。」

---

[26] 此君現任德國駐奧大使，當時則為德國駐俄使館參贊。

[27] 譯者按：係指Tschirschky大使而言。

[28] 譯者按：均指德皇而言。

[29] 譯者按：當係指曹州凶手而言。

雖然，余既預見此種決議將得不祥結局，於是弗敢放任不管，務必設法促其覺悟。其間余與外交大臣，曾有數次甚為激烈之爭辯。因此之故，余與Murawjew伯爵之關係，極為緊張寒冷，直至彼死之時。

但是所有一切忠告，結果皆歸無用。蓋外交陸軍兩位大臣如果竭力主張佔領該處港口，以利俄國，而我們幼主又復好大喜功，當然從其所請，此固極為明顯不待智者而知者也。

當其我們戰艦泊在旅順前面，軍隊猶未上陸之時，余曾與英國大使O'Connor德國大使Radolin晤談數次。[30]當Radolin假滿歸來之時，特來余處，並詢余，對於此次事變，意見如何。余乃答曰：「余認為此次全部事變，乃是一場大大兒戲。但是，可惜此項兒戲，勢將得一最壞結果。」[31]Radolin竟認為此種談話，實有電達柏林之必要。究竟Radolin之電報措詞如何，余固一無所知，但其結果何如？

凡有外國公使拍與本國政府之密碼電報，一如其他各國通例，暗由我們外部設法譯出。其時翻譯各種密電，往往只有數個密碼，不能譯出，其餘大部分密碼，則皆容易譯出。於是關於余與Radolin談話之電報，亦被翻譯出來，並被Murawjew伯爵看見。彼竟認為此事頗有轉奏陛下之必要。過了數日之後，余到陛下那裏，陛下接見余之情形甚為冷淡。當余辭出之時，陛下乃舉身，並向余言曰：「Sergej Juljeweitsch，朕勸君，如與外國公使談話，

---

[30] O'Connor其後改任君士坦丁方面英國大使，已於數年前死去。Radolin後來轉任德國駐法大使，現在業已退職；余與Radolin個人感情極好。
[31] 所謂「兒戲」一語，係指德皇此次行動而言，蓋此次事變，全由德皇引起。

稍微小心一點。」

余當時卻未能立刻了悉，究係指著何種談話而言。乃向皇上答曰：「陛下，臣實不知，係指何種談話；臣所知者，只是臣與外國公使談話，實無一次有損陛下或祖國之事。」

皇上對此，未曾加以回答。

當其我們戰艦尚泊旅順前面之時，Murawjew伯爵曾給我們駐華公使訓令，該使須向中國政府安慰；並謂我們之來，係助中國脫離德人壓迫；倘若德人退走之後，我們亦將隨之退去云云。因此之故，中國方面初時對於我們之來，十分欣慰；而且相信我們約言，竟有數星期之久。但是不久，中國政府即得彼之駐德公使報告：謂我們係與德國通同一氣為之，云云。於是中國政府開始對於我們懷疑。

其間陸軍大臣Wannowski於正月一日辭去本職，其後任為陸軍中將Kuropatkin。因此，在是役開始之時，Kuropatkin實未參與。余乃希望，新任陸軍大臣Kuropatkin當可與余合作，我們仍將退出旅順而去。

當此之時，此間曾召集一種會議，由Alexei Alexandrowitsch大侯爵主席，議定我們對華之要求條件。在此會議之中，Kuropatkin業已列席。

余對於此項全部計畫，仍是始終加以反對。但是並不能獲得Kuropatkin之贊助。不但不得贊助而已，而且恰恰相反。蓋Kuropatkin之意，倘若我們既向中國要求旅順大連，則我們必須同時盡取遼東半島的關東區域而有之。其論據係以為，若不如此，則我們倘遇戰爭之時，實無力保衛該項港口，云云。此外，彼並謂，我們必須從速築一中東鐵路支線，直達旅順港口。

Kuropatkin並不批評我們此項計畫，究竟是好是壞；彼但提出上述（佔領關東全部之）要求條件，認為一種必然結論而已。後來遂依照此項要求條件，加以議決。

於是余乃利用下次前往冬宮陳奏之機會，特向皇上辭職。至於辭職理由，則係首為前次皇上向余所下之警告，其次則為最近各種舉動全與余意相反。

皇上乃向余答曰：彼實不能離余。彼對於余為財政大臣一事，實係十分信任，關於此層，余當然無所埋怨。[32]若就個人品格而論，彼對余極為尊敬。因此彼實不能准余辭職。並請余照舊服務。至於旅順大連問題，現在業經議決，究竟我們舉動是好是壞，將來總可看見。無論如何，此項問題業已了結，彼實不願再行更改。但求余以後對於此事，仍須盡力助彼，使其順利完成，彼願躬自求余為之，云云。

其時我們駐華公使Pawlow，為Cassini之繼任者，乃將我們要求條件，遞交中國。其內容係要求中國，將關東區域以及及旅順大連，租與我們，以三十六年為期。但此種租借實與普通租借不同，蓋無論我們方面或中國方面，均無租金一說。故也。中國政府對於此項要求，係取拒絕態度。

我們戰艦泊於旅順海灣之前，軍隊尚未登陸。初時，中國官廳對待我們水手，極為客氣；但其後彼等態度漸漸更改，對待我們水手，極為粗野。

中國攝政皇太后與其幼年皇帝。移居京城附近別墅（頤和園）之內。並在該處接見大臣。伊因為受了英日外交方面影響之

---

[32] 此語一點不錯。蓋余在財政大臣任內，無時不受陛下十分信任。

故，對於我們要求，一點也不讓步。

現在余既看見（中國）太后陛下不願讓步，而且如果和平調解不能辦到，則我們軍隊勢將上陸；倘遇抵抗之舉，必將（開戰）流血。至是余乃不能袖手旁觀，特電我們財部代表Pokotilow[33]，請彼往訪李鴻章以及另一大臣張蔭桓。用余名義，勸告彼等，盡力設法接受我們條件；而且事成余願送彼兩人重大禮物，對李贈送五十萬盧布，對張贈送二十五萬盧布，云云。余與華人交涉，而乞靈於賄賂之舉，生平實只有此次一回也。

彼兩人現在看見，割讓關東區域與俄一事，實已無可避免；而且彼等又知，我們戰艦泊在中國海岸，動員既已備就，軍隊更為不少；於是決計往謁太后，勸其接受俄國條件。

會議多次，太后乃允讓步。余接Pokotilow來電：略謂條約當可簽字云云。余遂將此電上奏陛下。因為陛下對於余之前次（行賄）舉動並不知道之故，於是彼乃在奏札上批道：「朕實不能了解，其故安在。」其後余乃向彼說明，此次中國政府之所以允許簽字者，由余運動使然，現在我們所得成績，乃係我們公使數星期之久，費盡勞力，而未能辦到者。於是皇上乃在電上批道：「真是太好，好得出人意外。」

該約係於一八九八年三月二十七日，由李鴻章張蔭桓與我們代表共同簽字。

倘使當時中國政府不願讓步，則我們分艦隊與陸戰隊司令Dubasow提督，必將奉令佔據關東。而在實際上，此舉極易辦到；蓋旅順要塞有如小孩玩具一般，中國並無兵隊駐紮。

---

[33] 此君其後被任駐華公使。

經此種種情形，於是上述不祥條約，乃告成立。其後產出許多惡果，並引起不幸的俄日戰爭，以及國內革命之事。此種強暴侵略，竟將俄華向來友善關係，打成粉碎，並且永遠不能恢復。

此種侵略與其結果，竟使中國成為今日現象。換言之，竟使中國將成瓦解之勢，舊時中華帝國改為中華民國，以造成中國內亂之結果。吾人毫無疑義者，即中國內亂與清室瓦解兩事，當使遠東方面發生極大變化，以致我們與全歐方面，數十年之久，猶可見其影響所及。

此種強力合併關東之舉（此事情形，觀余上述各節，當可明瞭無遺），乃是一種萬分卑鄙之行為。

關於此事之材料，後世歷史學者，可在當時各政治家以及余之文件中尋出。

此事之初因，實為德皇威廉佔領一事。彼對於此事之影響與結果，或者有所不知。但吾人毫無疑義者，即是彼與德國各外交家，當時確是特別設法，以使我們去作東方冒險行動。蓋彼欲令我們將其全力，一齊轉向遠東方面，以便德國自己東界，得以安寧。此種目的，彼固已經達到。蓋我們因佔關東之故，引起可怕之俄日戰爭，竟使我們深受一場戰敗之恥。

當其俄日戰爭之際，德皇又復以保護我們西陲之責自任；但是並非白做人情。彼在友誼幌子之下，遂與我們結了一種於德十分有利於俄十分不利之通商條約。

當我們方佔關東區域之際，凡在該地享有利益之各國，無不大為震動；尤以日本英國為最。於是英國則奪去威海衛港口，日本則提出關於高麗方面之要求條件。

Murawjew伯爵對於此事，當初顯然未曾料及。蓋彼從前嘗向

皇上擔保，一切皆將安然過去，當無波折橫生；而現在彼卻不能不向日本英國讓步，以便彼此妥協。

對於英國方面，則由我們明白擔保：如果我們據有旅順，並禁止外國船隻來往，則我們應在該港之旁，另築一個商港，允許一切船隻通行，作為自由港口。我們既對英國以及全球，發出此種約言，誠然略使當時因為我們侵略所引起之印象，從此緩和一點。但各國仍未完全安心，尤其是日本方面，尚未心滿意足。因此，我們乃不得不開始退出高麗方面。

因為我們在加冕大典時節，曾與日本訂約之故，所以我們在韓勢力甚佔優勢。我們可以派遣若干軍隊與教官，留駐韓國。其中尤為重要者，則為韓國財權落在我們手中。蓋依據該項俄日條約，余曾為韓國皇帝置一顧問；而在實際上，則此項顧問，實與韓國財政大臣無異。該顧問為Alexejew君，乃係余之舊日屬員，專司關稅事項。當彼被任韓國顧問之後，竟在短促期中，對於韓國皇帝，具有極大勢力。倘能如此繼續下去，當可盡據韓國財政經濟之權而有之。

我們關東冒險之舉，其在日本方面視之，蓋有如霹靂一聲，於是Murawjew伯爵，因懼由此將與日本發生軍事衝突之故，乃允日本要求，竟將我們軍隊與教官，由韓撤回；而我們所置韓廷財政顧問Alexejew亦必隨之而去。因此之故，所有我們在韓之軍事經濟財政勢力，完全喪失，以利日本。

迨到最後，因欲力使日本安心之故，乃於一八九八年四月二十五日，訂結一約。依據此約，我們須將高麗，全聽日本勢力支配。於是日本方面乃得暫時安心。

倘若我們對於此約，無論文字與意義方面，均能堅守不渝，

則俄日兩國和平關係，當可長久維持無疑。

余現在再為一談一八九八年三月二十七日之（旅順大連）條約事件。從此時起，李鴻章因其簽訂此約之故，於是大失國內聲望，遂離向來擔任之最高職位而去：改授中國南方某處督撫。至於其他共同簽字之大臣張蔭恒則在拳亂之際，不知為何原因，竟由政府遣往中國內地，置諸牢獄之內，並在該處將其刺死，或縊死。其第三位則為許景澄，乃係一位極可尊敬極為公正之人，當時曾任駐德駐俄公使，當彼回到北京之際遂將其明正典刑。

所有上述種種事實，皆足以證明中國公眾輿論，對於此種關東條約，其憤激情形為何如者。

我們既已從事此項冒險行動，於是逼著我們，對於擴充艦隊一事，必須比較從前，特別加以注意。一八九八年四月初間，Alexei Alexand-rowitsch大侯爵遂開始與余接洽：究竟能否在預算之外，再籌一筆特別款項，為建築戰艦之用；此項造艦計畫，並已由陛下核准，云云。余此時固已明明知道，我們既已到了如此地步，當然須在遠東方面，據有一種相當強大艦隊。因此，余對於該大侯爵所表示之希望，亦遂加以贊成。於是，皇上乃召見余與海軍大將，並同余等討論，究當如何進行。其後議決：於一八九八年預算表之外，再籌九千萬盧布，作為擴充艦隊之用。皇上對於此項議決，十分滿意；而且對余個人，又復照舊寵愛。因此，三月十六日皇上乃向余特降一道十分慈愛之恩諭，褒獎有加。

從此旅順遂成我們軍港，不准外國船隻出入。此外，我們又因當時英國抗議之故，曾允在旁另開一個巨大商港，准其各國交通，作為自由港口，云云。當余著手建築此項自由港口之時，乃發生一個問題：究竟我們對於該港，應當何以名之？

　　因謹遵皇上之教，余乃轉求大學院長Konstantin Konstantinowitsch大侯爵，一與院中人員討論；究竟此項新港，應當取一什麼適當名字？該大侯爵之為人，極為清高可敬，真可以稱之為大侯爵而無愧。其後彼乃寄余一信，舉了若干名字。彼意以為，或者該港竟以當今皇帝之名名之，稱為Serjestonikolajewsk[34]或者從「光榮」一字引申而出，稱為Port Slawsja[35]。或者從「光明」一字拼合而成，譬如「光明瞭望臺」之類。或者為尊崇海軍當局Alexei Alexandrowitsch大侯爵起見，稱為Alexejewsk。

　　當余再到Peterhof，有所陳奏之時，於是將此清高大學院長之條陳，恭呈陛下閱覽。其後陛下乃向余問道：「君對此事之意見如何？究應用何名稱？」余遂答曰：「余實木有宏亮佳名，給與該港。因為只有上帝始知，該港前途命運如何，或者該港能為俄國光榮之預兆，或者竟為困難痛苦之原因。所以余遂覺得，對於該港可以隨便取一名稱，但以不含表彰意義為善。」皇上隨又向余言道：「然則請舉一例，譬如，」余乃忽然想起，忙向皇上答曰：「陛下，譬如該港原名Talienwan（大連灣），或者我們兵士將他讀錯一點，竟自呼為Daljnij，亦未可知，而在實際上，此字意義亦與該地性質相符。蓋Daljnij之意，本為『遼遠』，而該港距離俄國，又復真正十分遼遠，故也。」皇上對此名稱，甚為滿意。並言：「朕亦覺得如此，實以Daljnij一名為最善。」

　　余將預擬之布告進呈皇上。在布告之中，留一空白，以便補填該港名稱。皇上接過布告，簽名於下；並親在空白之處，填上Port Daljnij名稱。

---

[34] 即St. Nikolajewsk之意。
[35] 即「光榮港口」之意。

　　余在上面曾用簡短之詞，略將我們歷史中甚有趣味甚可悲痛之一頁，敘了一遍。以後記述之中，余或再將此役各種詳情，一為提及，又余之草錄此稿，乃由速記寫成，一點也未準備；只就余之記憶中尚未忘去者，書之。因此，既不是有統系的，亦不是極詳細的。但可以保證者，即稿中所言，一切大綱要領，皆係毫無疑義之真相。余對於一切經過情形，皆以公正無偏本諸良心之筆，照實寫出。

4 拳亂與我們的遠東政策[36]

英國仿照我們先例，逕將威海衛佔去，已如前面所述。法國則在中國南方，穩然盤踞。意大利亦持要求條件而至，以迫中國承認。因此，德國以及後來我們，遂在歐洲列強之中，實為首開惡例之人。

由此種種事變，頓使華人愛國情感大為激動，其結果則造成所謂拳民運動，是也。

此項運動，首由南部開始，其後蔓延京師，以及北京一帶。其目的在襲擊歐人，毀其產業，危其生命。

中國府漸漸為勢所迫，贊成拳黨方面；雖非公然為之，但暗中卻係如此。無論如何，該國政府即無誠意，亦無方法，以壓此項變亂。

當亂事及於北京之際，德國公使遂在該處被刺，因而形勢愈為緊張。迨到最後，歐人使館區域，竟變成一種被圍狀態。

於是，歐洲列強以及日本方面，互相協商，對於此項亂事，決採共同行動，並處罰此次肇禍諸人。

關於此事情形，余以後當有機會再為詳述。現在余所欲談者，只是當其拳亂初起之時，陸軍大臣Kuropatkin正在Don境內勾留。彼於是立刻回到聖彼得堡，直從車站，逕來財部見余，並帶

---

[36] 編按：俄文原本為第十三章。

著滿臉光輝。

當余向彼言道：「現在君可領受我們佔領關東區域之結果與影響。」彼乃怡然答曰：「余對此項結果，異常滿意。蓋我們由此又可得著機會，佔領滿洲。」

於是，余遂詢彼，彼將用何法佔領滿洲？將是否欲將滿洲，作成俄國一個省份？云云。彼乃向余答道：「否，但滿洲地方必須弄得略如Buchara區域一樣。」

因為佔領關東半島之故，遂造成下列諸端：

（一）取消我們在韓之勢力。為使日本安心起見，於一八九八年四月二十五日，正式結約規定。

（二）破壞俄華密約。按該約係在莫斯科加冕大典時節所訂。

（三）各國開始對華搶劫。彼等以為，假如俄國可以攫去旅順港口與關東半島，為什麼我們[37]不應同樣起而侵略？於是動手佔據各處港口，並用威嚇手段，向華要求各種租借權利。

中國政府初時對於拳民暴動，係採旁觀態度，並不設法禁壓。但其後則暗中開始幫助拳民，於是遂召列強武力干涉之舉。

一九〇〇年六月二十一日外交大臣Murawjew伯爵去世。余在前面曾經述過，因為彼的惡劣遠東政策之故，余與彼極為不和。吾兩人之交際，只以有關公事者為限，已無私誼可言。當五月之中及六月初間，中國拳亂大為猖獗，此即該伯爵遠東政策與夫佔領中國領土之結果。余自始即知此項政策，必將引出不幸結果。

---

[37] 係列強自謂。

當歐洲駐京各使陷於被圍之際，Murawjew伯爵乃於六月二十日，（晚間十點鐘左右）前來余處。余對彼之來，極為詫異，蓋我們兩人近來，彼此固已不復再作私人拜訪之舉矣。

當時余係僑居避暑山莊，寓在Jelayin島上宮內，所謂「騎士齋」之內。余之書房係設在齋內上層。余遂請Murawjew到余書房之中，同時財部差役，復送來文件多種，余須加以審閱及簽字。Murawjew進來以後，乃向余開始攀談，略謂，我們兩人從前因為佔領旅順大連一事，彼此意見甚為紛歧。但現在彼（係指Murawjew而言）已察出，當時余之主張或者確是不錯。我們對於該事確實不應如此處置，蓋現在由此惹出如許糾葛，故也。惟現在一切已成既往，大錯已經鑄就；彼願與余重修舊好，並求余與彼合作，竭力助彼施行一切策畫，以對付拳民暴動與北京騷擾之事，云云。

余乃向彼言曰：余對現在局面，認為當然結果。惟吾二人服務同一祖國，共事同一君主，如有必要之時，彼此攜手進行，當然為余應有之責也。於是Murawjew伯爵當面許余，以後彼對余的富有經驗之忠告，當特別較前注意。

此次談話，差不多延到晚間十一點鐘之時。於是彼乃起身並在出室之時，向余問道：Matilda Iwanowna[38]是否在家？余乃答曰：伊在家中。現刻正在下面客廳之內，云云。彼乃下樓而去。余則向彼略致歉意，未能偕彼下去。於是遂由余之侍役引彼下樓而去。其時余欲將財部送來文件辦理完竣。當余既已辦完之後（其時已在十二點鐘左右），乃向樓下而去。當余正下樓梯之

---

[38] 余之妻室。

際，忽聽得彼與余妻，正在狂笑不已。Murawjew伯爵係於十點鐘左右，從Kleinmichel伯爵夫人處，宴罷而來余寓；該項宴會當然伴以相當美酒。迨余方入客廳之內，Murawjew恰正起身出去，猶自大笑不已。彼並言：彼每到余妻之處，所度時間，總是十分暢快，云云。言畢，隨即登車而去。

其時余甚口渴（是日天氣頗熱），極想水飲。隨手取一巨大酒瓶，以為其中尚有餘瀝。那知Murawjew已將其飲得一點不留。於是余乃向著余妻曰：「Murawjew伯爵真是何等福分，倘使余亦如彼，飲盡此瓶，則余明日一定死去無疑。但是對於彼，則簡直不算一回事，飲完一瓶，再來一瓶，彼之灌酒恰有如鵝之灌水一樣。」

次日，即六月二十一日，清早余仍如時而起，照例騎遊一遍。余之騎遊，通常由一守界兵士伴隨。迨到一點半鐘或兩點鐘以後，余乃乘歸。正從馬上下來之際，余之侍役遂上前向余言曰：「Murawjew伯爵業已歸天。」余當時未能立即領悟其意，乃向彼問道：「汝究竟說些什麼？」彼遂答道：「Murawjew伯爵已於今晨死去。」

余立刻前赴該伯爵處，彼之屍身臥在床上。據云：彼於早晨起床，往坐棹畔取飲咖啡，其時彼似忽然中風，倒地而死，云云。

現在之問題，即是何人應當繼彼（外交大臣）之任。

其後。余有陳奏之事，往謁陛下。迨奏事既畢，皇上乃將面朝窗，以背向余，並發問道「Sergei Juljewitsch請君告朕。君當推薦何人繼任外交大臣？」余乃一如向例，答道：「陛下眼中究有何人？」皇上遂言：「並無一人。」於是余乃答道：「現在首欲問者，即此項人選，究應屬於何界；或是曾在外交方面服務之

人，抑或另外之人。假如此項人選，不必限於外交方面，則余建議，此項外交大臣一職宜以素有勞績而又具有平穩性質之人擔任；或者從老練部臣中選出一位；蓋因此種部臣，雖然對於外交事務不必盡悉，但至少能夠謹慎行事，對於許多十分重要事件，當不至如Lobanow侯爵之有時漫不經心，尤其是不至如Murawjew伯爵之那樣容易辦理。假如陛下欲在外交界中挑選，則余心中實無一位使臣，足以勝任此項位置，或者只能推薦Murawjew伯爵的屬僚Lamsdorff伯爵一人而已。蓋Lamsdorff伯爵雖未嘗一任使職，但彼平生職務卻皆限於外交部中，直可以稱為外交部中『有足的檔案』。此外，彼之為人，就其精神能力而論，實是一位甚為超卓可敬之人。」

陛下對於余之推薦，表示同意。於是Lamsdorff伯爵首奉代理部務之命，其後被任外交大臣。

Lamsdorff伯爵伯爵為人，本極清正，不過余對彼，卻時常責備，彼不應不阻Murawjew伯爵佔領旅順之舉，竟使我們全盤湯內參入碎末，以致我們今日猶受哽喉之苦。

余覺得，Lamsdorff伯爵本可設法阻止Murawjew不為。大約彼之所以不阻者，以免與其上司，由此口角，故也。

關於武力干涉中國一舉，我們實居列強之首。最初，英國日本軍艦以及我們海軍提督Alexejew所帶戰艦，前往煙台加以攻擊。隨後，由英國海軍提督S. Seymour先行向著天律進兵。然後再向北京進行，以解使館將被華人克服之危，惟Seymour與其少數兵隊，頗形單薄；於是決定派遣雄厚兵力，由元帥瓦德西統率前進。但在瓦氏由德取道海路抵華以前，進兵之事卻未停頓；我們實為首先攻打北京之人。

此事余與Kuropatkin兩人之間，又復發生意見衝突。余曾設法遊說Kuropatkin，並嘗竭力懇請陛下，不要攻取北京，我們軍隊不宜派住京中平亂，此事應聽其他列強辦理。

反之，Kuropatkin則主張，我們對於處罰京中華人以及向京拔隊前進，皆應首先著鞭，居於主要地位。

余曾設法勸諫陛下，我們對於此次事件，不應加以干涉。蓋我們除了滿洲之外，所有北京以及中國其他各地，何等利益存在。我們只應保持滿洲方面之地位，不應故意激動華人。此事儘可聽尤其他列強之對於北京方面及中國南部素有利害關係者為之，云云。但此諫言，未蒙採納。於是竟違外交大臣Lamsdorff伯爵以及余之主張，我們軍隊遂在Linewitsbh將軍指揮之下，並偕日本軍隊，直向北京進行。

因此，關於處罰中國之舉，遂由我們擔任，我們直向中國侵去。攝政皇太后以及皇帝於是逃出北京，我們遂同日軍佔領該城。並由我們軍隊大施搶劫，以為攻克之表示，太后宮中搶取一空。

攻下北京以後，處罰華人之舉，不復再為；只是對於私人財產，時常加以搶掠，尤其是對於宮中珍貴物品，盡量劫取而去。其間令人聞之浩歎者，即風傳我們將領，關於此種搶掠之事，並未嘗落居他軍將領之後也。此事曾由當時我們財部駐京代表，其後改任駐華公使之Pokotilow，向余作非公式的報告，加以證明。當其攻下北京之後，未幾，我們又復回到理性行動。因為余與外交大臣活動之故，我們軍隊遂由北京撤退。向使拳民暴動不復蔓延滿洲境內，則我們此種活動，將得最後勝利無疑。不幸滿洲方面，初時雖只發生一二變故，綁去鐵路職員數人，焚燒鐵路房屋

數所，但其後暴動情形，卻日益擴大。

　　當暴動初起之時。Kuropatkin即欲立派兵隊到華。換言之，立由Priamnr區域，直向滿洲進兵。余曾勸彼良久，勿為此舉，而在實際上，滿洲國方面，其間除了一二輕微變故之外，亦復甚為平靜。惟我們既取北京以後，更加以佔領關東半島舊恨，於是滿洲居民對於我們，大加仇視。其情勢之危急，甚至於我自己，亦請速從Priamur區域，派兵前往滿洲。

　　即就處置此事而論，Kuropatkin亦復不免輕舉妄動缺乏眼光。彼之派遣軍隊，不僅是限於Priamur區域，並且從歐俄方面調動大宗軍隊，取道海路赴華。余雖向彼陳說：僅就中國現狀而論，只須少數軍隊，已足壓平一切暴動云云；但是彼仍不聽，派遣大批軍隊前往。

　　當其我們軍隊僅有二三千人開入滿洲以後，雖則彼等行動（指俄國軍隊行動而言）橫暴不堪，而中國居民卻亦忍耐相安，歸於平靜。因此，前由歐俄方面派往之軍隊，既達旅順大連以後，又復立刻轉身回來。惟由鐵路開到Priamur與西伯利亞之軍隊，則直入滿洲境內，將其南部北部佔領。

　　當我們軍隊方入滿洲之際，於是我們方面，關於對華政策立即分為兩派。所有路局管理方面與夫一切鐵路職員以及守界護路警隊，皆主張一種和平政策。因為彼等僑居該處之故，於是熟悉地方情形，竭力設法恢復俄國方面與中國官廳居民方面之友善關係。因此，彼等乃言：向使我們俄國自己，所有對華行動，一一皆合規矩，則中國方面實將永作我們最為忠實之盟友。所以我們現在須將一切已成之錯誤，加以改正。其中可以稱為錯誤者，譬如佔領關東半島一事，其結果必須建一支路以達旅順；又如北京

方面，我們本無利益可言，而我們卻將其攻取佔據。

　　反之，Kuropatkin則堅持其主張，一如前此拳亂初起之時彼向余欣然相告者；即是我們必須利用此種機會，盡將全部滿洲佔為己有。換言之，彼所企圖者乃係另自一種計畫，不是和平政策。我們軍對在華一切行動，極為橫暴不堪；換言之，一如敵人看待戰敗國家之態度，而且是對待亞洲戰敗國家之態度。

　　由此種種情形，遂將大禍根苗，從茲種下，其後爆發之舉，實屬不能避免。余與Lamsdorff伯爵，設法勸告陛下，撤退滿洲軍隊，恢復佔據關東以前之兩國友善情形。我們並謂：中國方面或者對於此種關東失地之仇，最後亦將表示釋然，只須我們以後不再作此橫暴壓迫種種舉動，云云。反之Kuropatkin及其勢力下面之各位軍人，則反對此種意見。彼輩以為，我們必須利用機會，趁此易於著手之際，盡將滿洲佔據；雖不必竟為法律上的佔有，卻可以認做事實上的佔有。因此之故，彼輩甚望滿洲方面，常有變故發生。

　　當其北京已經攻下，滿洲發生拳亂之際，最初（滿洲境內）中國方面確有一二形似曾經訓練組織之軍隊，但不久即被我們軍隊打潰。至於拳黨主力所在，則為奉天省城附近一帶，後來亦被我們小小部分軍隊，在Subbotitsch將軍指揮之下，將其打敗於是Subbotitsch將軍遂得一種Georgskreuz徽章；而且彼之得此，其重要原因，實由於彼與Kuropatkin素有交誼，並已到了彼此相稱以「汝」之程度。

　　此種微少中國隊伍，既經打敗以後，所有滿洲居民，於是完全歸於安靜。

　　但是我們軍人方面，只是設法欲得一種口實，以免實行撤退

軍隊。於是下列兩派之間，對於此事，不斷的爭論，竟有一年半之久。其一派則為財政部方面，與夫中東鐵路全體人員，以及外交大臣方面。其他一派則為陸軍大臣方面，及其屬下軍人之駐紮滿洲境內者。

至於皇上陛下對於此事，則未有一種堅決見解。彼在一方面，並不特別表示，彼對於外交財政兩位大臣之意見，實不贊成。而在他方面，則又往往贊助Kuropatkin之主張，而此項主張之最終目的，又係合併滿洲。

此事之所以成此情形者，並非僅因財政外交兩位大臣與（陸軍大臣）Kuropatkin之間，意見紛歧的原故；乃是其中另有一種特別情形。蓋當我們方正佔據關東半島，以及退出高麗方面，寧讓日本獲得優勢之際，忽然（俄國內部）發生一種新起勢力，一種非官式的，可以稱為部曹以外之勢力，開始鼓吹彼之特別政策。

其人名為Besobrasow，乃係禁衛騎兵聯隊中之退職騎兵大尉。Besobrasow乃為俄國當時發現的七大冒險星宿之一。其餘諸人則為：Wouljarlski Matjunin，騎兵大尉Janin等等，彼輩彼此相異之處，只在所受教育與社會地位兩點；而相同之處，則均為冒險大家，惟其中esobrasow一人，若就其品格而論、可以算作一位正經人，而其餘諸人則不足以語此。

Besobrasow為造成俄日戰爭冒險事業最有關係之人。我們於此，當然發生一種疑問：彼既是一位正經人，何以作此冒險事業？關於此項疑問，最好是由彼之夫人，加以回答。伊因身體健康關係，常在日內瓦勾留。其夫時時前往該處，與伊久聚。

當其陛下在日本戰爭以前，任命Besobrasow為國務秘書之際，於是彼在俄國命運之中，遂開始發生重大關係。斯時，彼乃

迎其夫人來此，以便介紹於宮中。而彼之夫人Besobrasowa，卻係一位誠實可愛受過教育之女士，於是大為作難；並且向人言曰：「余實完全不解，（余夫）Sascha何以能有如許重大勢力；未必大家均不能察出，彼係一位半癡半狂之人耶？」

Besobrasow於是開始鼓吹，我們對於高麗，不應加以放棄。當從前我們佔領關東半島之後，我們因欲避免與日立刻衝突起見，雖不得不離開高麗而去，雖不得不正式當眾為之；但我們現在必須設法，暗將我們在韓勢力，依然回覆。換言之，宜用非正式的祕密行動為之。我們應在高麗方面，籌設各種企業，其表面一如私人經營，而實際上則由政府暗中資助與指揮；其後此項企業當漸漸有如蛛綱一般布滿高麗全國。

Besobrasow將此理想，首先告知Woronzow-Daschkow伯爵。其時該伯爵則因無事可做之故，方任聖彼得堡參議會委員之職。又該伯爵當亞歷山大第三即位之時，曾任統帶御前侍衛一職。當時Besobrasow係以少年軍官，隸彼指揮之下，故彼二人因此相識。其後Besobrasow又將此項理想，往告大侯爵Alexander Michailowitsch。

於是該伯爵與該大侯爵，遂將Besobrasow介紹於陛下之前；而且該兩人對於Besobrasow之理想，極為贊許。

Woronzow-Daschkow伯爵之所以贊成此項理想者，完全因彼未能預察此項政策將來結果如何之故。至於大侯爵殿下，則係性喜一切政治冒險行動，以使彼之不靜精神得以暢發，或者使彼得有機會顯露頭角。於是彼等決定設法，以求實現Besobrasow之計畫。因此，要求韓國許給各種權利；並派委員前往該國考察，從商業方面，尤其是軍事方面著眼。不過上述種種彼輩皆以極為幼

釋之方法行之。

其後Besobrasow漸在陛下方面獲得勢力，於是遂將Woronzow伯爵與Alexander Michailowitsch大侯爵拋在一邊。大約該兩人，其後察出此事，將以不祥而終；甚欲脫身不再過問，故也。

因此，Besobrasow以後一切行動，可以說是，由彼自己一人負責進行。

所有上述種種情形，日人方面當然完全明瞭。彼等深知：我們在官式方面，誠然曾將高麗委與日本，而暗中卻想仍在該地佔得優勢。因此，遂使日本極端反對我們。未幾，極力要求我們撤退滿洲之舉，已不盡在中國方面，而在日本方面；並且英美兩國均為日本之後援。

當其我們派兵入滿之際，我們曾經大聲宣言曰：我們之所以為此者，係欲幫助北京政府，削平拳亂；蓋中國合法政府，無力平定此亂，故也。倘亂事一旦平靜，我們立即退出滿洲而去，云云。

現在拳亂業已平定，中國政府亦已回京，而我們卻坐在滿洲，依然不去。中國政府用盡方法，懇請我們，勸告我們，退出滿洲；而我們卻時當尋得口實，不願撤去。

因此中國方面，當然開始對於日本以及其他列強，表示同情。而且此項列強，彷彿專為中國利益起見，一齊起來要求我們軍隊退出滿洲。

關東半島之佔有與滿洲方面之進兵兩事，遂使中國從此完全不再相信我們。

復次，向使我們堅守俄日條約，不在高麗國內，作出許多祕密行動，以冀佔得優勢，則日本方面一定可以安心，不至於極力

反對我們。但現在彼既看出，我們實係絲毫不能加以信託之人；我們既將日本逐出遼東半島，而我們卻自己據而有之；我們因為佔有此種半島之故，特與日本訂結（撤出）高麗之約，以為交換條件，而現在我們卻又祕密另尋他種方法以背此約；於是日本方面亦復從此完全不再相信我們。

因此，中國日本美國英國結成一團，反對我們，大家皆不再信我們；而且開始極力要求我們退出滿洲。

既將北京搶掠之後，於是Linewitsch將軍因為取城有功，得Georgskreuz徽章，掛在頸上，回到Priamur區域，擔任軍團統將之職。回時，行李之外，並由北京帶歸十大箱子，裝滿各種貴重物品。可惜Linewitsch將軍此種榜樣，亦為其他各位軍官所仿照；彼等亦皆攜帶中國各宮各宅之物品而歸。

余之極為歎惜不已者，即當時此項箱子由華輸出之時，余實未嘗聞知，向使余早聞知，則余一定下令，折開箱子，將此醜事暴露出來。

當中國皇宮既被搶掠以後，其中各種文件亦被劫去。一日外交大臣Lamsdorff伯爵，忽然接到我們駐華公使送來文件一種，係我們軍隊從中國皇宮之內偷出者。該項文件乃是加冕時節余與Loban w-Rostowski侯爵同李鴻章所訂之條約正本，其後更由皇帝尼古拉第二與中國皇帝加以批准者。

我們由此可以看出者，即中國攝政皇太后，對於該約何等重視，竟將其藏在自己臥室特別櫃子之中。

當其北京被圍之際，皇太后與皇室全體人員，慌忙迅速離宮，逃出京城而去，因此未將該約攜走。

　　現在於是發生一個問題：即我們對於此項條約正本，究應如何處置？Lamsdorff伯爵特來與余相商。余乃向彼言曰：照余之意，應將該約送還中國。蓋我們雖曾顯然違背該約，但我們卻應藉此表示，我們對於該約，仍然不願委棄，仍然希望繼續與華友善。

　　當然，我們遂將該約寄還中國。但是中國方面卻由此從新證明，我們真是不可信賴；蓋我們雖將該約寄還（表示好意），而在滿洲方面，卻仍強硬堅持，不肯退去，故也。

美國與滿洲問題

譯者敘言

〈美國與滿州問題〉係譯自一九二六年版的《德國戰前外交文件彙編》（Die Diplomatischen Akten des Answärtigen Amtes 1871-1914）中之第三十二冊。按此書所載，多係戰前德國祕密外交文件，並嘗有德皇威廉第二御筆硃批在上，讀之頗可察見戰前國際形勢真相之一斑。

自第一篇至第三十四篇係譯該書第三十二冊中之第二百五十章，章名為〈美國關於滿洲鐵路中立事件之突起，以及德國所持態度；計自一九○九年十二月起至一九一○年七月止〉（Der Amerikaniche Vorstoss für Internationalisierung der Mandschuiischen Eisenbahnen und Deutschlands Stellungnahme. Dezember 1909 bis Juli 1910）。自第三十四篇至第四十五篇，則全譯該冊中之第二百五十一章，章名為〈一九一○年七月四日之俄日滿洲條約〉（Das Russisch-Japanische Mandschureiabkommen Vom 4. Juli 1910）。

一九○九年十二月，美國提出滿洲鐵路中立條陳；同時並與英國商築錦州──齊齊哈爾──璦琿鐵路，直穿俄日兩國勢力範圍。此事最初英國方面本來贊成，後因日俄兩國反對之故，於是英國以英日同盟英俄協約關係，遂亦中途變卦。法國則以俄法協約之故，亦在反對斯議之列。惟德皇威廉第二對此，則極表示贊成。中國政府方面對此，亦復甚為歡迎。蓋德國欲藉「門戶開放」之佳名以破俄日壟斷之局面。中國則欲用「滿洲國際化」之

政略以避俄日瓜分該地之危機，故也。其後，美國提議擱淺。俄日兩國為對抗美國起見，遂於一九一○年七月四日訂結滿洲條約。其條約表面，係俄日雙方共同維持滿洲現狀，並共同抵抗第三者之破壞此種現狀。且同時將此約文，通知各國。但此外尚有一種密約，曾由俄國政府祕密通知倫敦政府，其中規定實無異俄日兩國實行瓜分滿洲。當時歐洲國際風雲，業已漸趨緊張之際；於是英國則由集中力量對德之故，所有俄日兩國希望，無不欣然樂從。德國則又欲竭力拉攏美國，以為牽制英國之計。迨至一九一○年七月四日俄日滿洲條約告成，俄國遂無東顧之憂從此銳意西進。故巴爾幹斯拉夫民族一聞滿洲條約成立，無不額手稱慶（參看第四十五篇德國駐塞爾維亞代辦之報告）。因而歐洲大戰之機，遂有如箭在弦上，不得不發矣。孰謂滿洲問題僅僅限於東亞方面哉！

至於今日則何如？德國業已一敗塗地，德皇威廉第二逃往荷蘭鋸木去矣。俄國業已變成共產，俄皇尼古拉第二全家悉被槍斃矣。英國則因對德目標已失，不復再行聯俄聯日矣。日本則眼看頭等軍事國家之德國居然亦可打敗，不敢擅開戰釁矣。美國則因歐戰之賜掌握世界經濟霸權，無敢與爭矣。中國則於其間發生共和革命，軍閥割據等事，直到今日居然漸趨統一矣。世態變遷，可謂劇烈之至！雖然，滿洲問題卻未嘗因此一變二隨之解決！不但未曾解決而已，並且成為今日之第二巴爾幹半島。稍一不慎，又將成為各種民族鮮血塗抹之地。

蓋滿洲問題，不僅為中國生死存亡所繫，而且與日本生存利害有關。倘使現在世界上只有中日兩國者，則其勢必將出於一戰，戰必為日本所奪去，殆無疑義。然而其中卻有一位長袖善舞

之美人；在以致日本方面對於滿洲，欲得而不能得，中國方面對於滿洲，欲保而不能保，其結果遂變成一種國際問題，為眾目所集之點。近年以來，日本借入美款甚巨；美國明知日人借款，並非全數用於日本國內，實有一部分用於滿洲事業。換言之，即是美國對於滿洲各項事業，遂由此取得間接債權。倘中國方面始終無力自強者，則美國將藉日本之手，以取餘利，決不願滿洲方面有所騷動。此所以當黨軍勢力尚未達於北方之時，美國對於日本處置滿事之悍行，不願多所過問，當時曾使黨軍甚為失望，職是故也。但黨軍勢力一旦達於北方之後，於是美國首先承認國民政府；蓋前此假藉日本之手，以向滿洲取利者，今將改用「滿洲國際化」之舊日策略，以遊說中國當局矣。而中國現在既無實力以脫離日本在滿之壓迫，則亦只有「國際化」一法，可算彼善於此。更加以英國聯俄聯日之政策已變，次英國外相張伯倫在下院宣言不承認日本在滿具有特殊地位一事，固已露骨表示。如此則滿洲今後勢將成為群雄逐鹿之地「滿洲國際化」之呼聲，勢將日益增高，而主持其間者仍為美國。至於德法等國則當在願附驥尾之列。因此之故，吾人實可斷言：「美國與滿洲問題」並非過去陳跡，乃係未來大事，尚望國人及早加以注意。

中華民國十七年十月九日

王光祈序於柏林

Steglitz, Adolfstr. 1

1 德國國務總理Bethmann Hollweg上德皇威廉第二之奏札[1]

美國（駐德）代辦（Reynlds Hitt）曾交來說帖一件，茲特敬謹抄呈。該代辦甚願一聞陛下政府對於說帖所陳原則之態度。

該說帖之大意如下：

美英兩國對於投資建築錦州──齊齊哈爾──Aigun[2]鐵路之舉業已彼此同意。

美國方面，隨後曾向英國提出下列條陳：

（一）為保持中國在滿主權之安全，以及滿洲方面門戶開放政策之發展起見，應使中國政府能將該地鐵路（換言之，即是俄日兩國所管理之巨大鐵路），收為己有。參與華事之列強，應該貸款與華，以作贖路之用。而中國方面則應許給上述列強監督該路之權利，以及若干其他優先權利。

美國方面相信，俄國日本（德皇威廉第二旁註：??Na!na![3]）對此計畫，當能表示贊成。（德皇威廉第二旁註：決非出於樂意）此外美國更謂，俄國方面對於此舉之好意，現在業已略為表露。

（二）假如此項條陳不能見諸實行，則美英兩國對於上述投

---

[1]　一九〇九年十二月二十三日柏林。

[2]　譯者按：此地在俄滿交界之處是否即係璦琿？

[3]　譯者按：此二字乃係表示不信之感嘆詞。

資建築鐵路之舉，必須加以贊助。而且美英兩國為使滿洲完全成為「商業的中立化」起見，應當邀請參與華事之列強，參預此種投資建築該路，或其他路線之局。並設法促進中國方面贖回現有鐵路之事。

英國方面對於該項說帖所陳各種普通原則，業已表示同意。政府希望此種原則，亦復獲得陛下政府之惠然贊成。（德皇威廉第二旁註：當然一定）

據臣愚見，我們須步英國後塵。（德皇威廉第二旁註：不錯）

從政策論點出發，則我們甚望俄國能在遠東方面日益穩據，以便與日多生衝突機會。（德皇威廉第二旁註：是呀）惟就滿洲方面近來情形觀之，卻又並不如此。俄日之間對於滿洲問題，彼此隨時皆能妥協一致。（德皇威廉第二旁註：是呀）尤其是中東鐵路問題一事，我們時常均見日本黨於俄國一方。而在實際上，此事亦復極為自然；蓋日本欲俟俄國為其鐵路謀得權利之後，日本亦將要求（中國）給與同樣權利，故也。

俄國方面近來實無與日再以兵戎相見之意，而欲設法與此島國互相諒解。俄國財政大臣之赴滿洲遊歷，當係為達此項目的起見。其所以未獲結果者，只因伊藤早期被刺而死之故耳。[4]但聖彼得堡方面對於此項計畫，仍未加以放棄。

滿洲問題恰恰給與（日俄）兩國彼此接近之機會。或者竟至於彼此由此結成一種普通同盟。假如日俄兩國對於滿洲問題，只與衰弱的中國一面，發生交涉，則上述日俄兩國結為同盟之事，極屬可能。反之，假如日俄兩國察覺美國，尤其是英國，對於日

---

[4] 伊藤侯爵於十月二十五日，在哈爾濱恰值（俄國財政大臣）Kokowzow 到滿之際，被一韓人刺擊。

俄在滿企圖，意欲竭力加以反抗，（德皇威廉第二旁註：反對彼的日本盟國！）則日俄兩國希望彼此合作之熱情；勢當大為冷淡下去。（德皇威廉第二旁註：此事英國將在印度方面抵償）美國條陳對於此點，實曾加以注意。因之，專就此項理由而論，該項條陳亦已值得表示同情。（德皇威廉第二旁註：是呀）

若從商業政策出發，則美國此項條陳，我們更應十分歡迎。蓋中國統治主權及領土完全，如能保持不變，所有全國皆為我們商業開放，則實於德國在華商業，最為有益。（德皇威廉第二旁註：不錯）關於此點，我們實與美國完全相同。蓋美國與我們一樣，對於取得中國土地，以及瓜分中國成為勢力範圍之舉，皆非所願。反之，其他列強，尤其是日本俄國法國以及英國，則其目的卻與德美不同。因此之故，我們對於中國問題，似以結納美國重要盟友為妥。（德皇威廉第二旁註：必須如此）美國方面對於滿洲問題，特別注意。而我們在該處亦復具有利益不少；尤其是哈爾濱方面，我們商人極佔重要地位。彼等之為俄國官廳眼中之刺，可於前次曾經奏明陛下之俄國官廳對於哈爾濱方面德俄合組的釀酒公司加以強制執行一事見之。此外類於此項之事變，實可日日發生。並由報紙照例加力描寫傳播，常成毀損德俄兩國邦交之材料。若照美國條陳，對於滿洲問題，加以解決，則此類事變，當不至再行發生。我們因為顧慮俄國之故，對於滿洲問題，至今皆採穩慎態度。（德皇威廉第二旁註：彼並不感激！所以我們現在亦不必如此）但美國方面對於滿洲問題，如欲加以有力干涉，則據臣之意，此舉實與我們自己利益相符，我們似應追隨美國之後。（德皇威廉第二旁註：同意。可讓美國前行。關於發生衝突仇視之事，亦可由彼擔在肩上）

　　至於美國政府之意，以為俄日兩國對於此種條陳，當可欣然贊許云云，似乎太為樂觀。（德皇威廉第二旁註：余亦以為如此）日本方面一定不甚歡迎，即在俄國方面，亦未必恰合口味。但此種情形，我們實可不必加以重視；蓋日本盟邦俄國好友之英國，並未因此障礙，拒絕美國條陳，故也。（德皇威廉第二旁註：不錯）倘對英國此種行動一為考察，則吾人關於美國條陳之一切疑慮，尚未完全掃去者，均可置之不顧。此次之事，顯係適與陛下駐美大使前此所謂（美國）總統Taft主張對於處置華事務與我們合作之說恰合。而且國務卿Knox亦復力贊此項主張。（德皇威廉第二旁註：此實為主要之點！蓋由此日耳曼與盎格魯撒克遜國家互相合作之舉（雖只限於異邦（中國）之內），此實為第一次故也！所獲甚大！）倘若我們對於美國條陳加以拒絕，則將使我們與美之良好邦交，陷於危險，並促美國往親英國方面。至於我們接受美國條陳，亦不至顯然與俄為難；蓋此舉並非由我們發起，只是臨時贊成美國一種偶然提議而已。（德皇威廉第二旁註：不錯）而且此種提議，固與中國門戶開放原則相合；此項原則，俄國至少在理論方面，亦嘗主張者也。

　　陛下前此曾因（駐美德使）Bernstorff伯爵報告美國總統Taft對華政策之機會[5]命臣凡有關於此事之美國條陳，均宜表示贊許。（德皇威廉第二旁註：是呀）因此臣敬祈陛下，惠然硃批旁註，使臣有權對於說帖所陳普通原則，用政府名義加以贊成。（德皇威廉第二旁註：是呀，必須如此）

V. Pethmann Hollweg

---

[5]　譯者按：請看篇末「原書按語」。

德皇威廉第二頂批 ────────────────

　　很可歡喜！朕完全同意。威廉二四、一二、一九〇九。終竟有此一種宏大國際眼光與遠眺！真是美滿可喜！日耳曼種族[6]能在東洋合作！蒙古人與韃靼人勢將帶上一種酸色面孔！[7]

原書按語 ────────────────

　　十一月十五日Bernstorff伯爵報告，曾與美國總統Taft談話。其內容略謂「Taft先生聞余近又獲得皇上陛下與（總理）閣下之訓令，命將我們對於東亞事件，甚願與美合作之意代為轉達，云云，一事，不勝歡喜。該總統並謂，國務卿方面不久即將向參與華事之列強，提出條陳，其目的在使中國門戶開放政策愈趨實現之途。但其中詳情，Taft先生卻未提及。不過就其談話觀之，彼對於東亞事件，似乎願意居於領袖主持地位云云。」德皇對於此項談話，甚為讚許，而用「好」與「是呀」，諸字旁註其間。

附件

　　說帖原文：[8]

────────────

[6] 譯者按：中國舊譯為條頓民族。
[7] 譯者按：猶言縐著縐眼，有苦說不出之意。
[8] 一九〇九年十二月十八日由美國駐德代辦Hitt呈遞。

一九〇九年十二月十七日

美英兩國對於投資建築錦州——齊齊哈爾——璦琿鐵路之舉，業已彼此約定，互相合作。美國政府曾告英國外部：美國方面願與不列顛帝國政府，對此關於中國進步與商業發展均極重要之事業，誠意合作，互相協助。美國政府並言：為商業發展利益均需計，當設法再將此事擴及其他與華有關之列強。彼等之加入，當為中國方面所歡迎。而且彼等亦嘗自願贊助商業機會均等之原則，以及保持中華帝國領土之完全。

無論如何，美國政府在繼續商定該約以前，先請不列顛帝國政府，將其對於下列備選的寬括的草案之意見，一為見告。

第一：或者保持中國在滿主權，實行「門戶開放」政策，同享商業機會均等，力促該地發達進步之最良方法，似宜將滿洲鐵路置在一種經濟的科學的沒有黨派的管理之下。此項管理計畫，現正向華提出，擬由列強之願意參與路股者投資為之。此項借款須與以寬裕年限，並使其妥當安穩，以便能於規定期間之內支付。而且借款條件，應使銀行家及投資者均樂於參與其事。此項計畫之中，並宜預先規定，投資國家在此債期之內，得有派員監督該路之權；所有投資國之人民與材料在此期限之內，得享通常優先權利而且彼此之間公平享受。

此種計畫之實行，當然需要中國日本俄國之合作，（如）關於滿洲現有鐵路之歸還與讓許諸事（是也）。同樣，亦需英國美國之合作，蓋英美兩國在此新結錦州——璦琿鐵路條約之上，具有特別權利，固也。

此種計畫對於日俄兩國，皆有效益可睹。該兩國（既嘗願好

意庇護滿洲門戶開放機會均等之政策，又嘗願確保中國主權之完全）當能歡迎此種機會，將其向來保護彼等商務以及其他利益所負之特別義務責任費用，轉由列強公平組織之團體擔負。同時該兩國又能按照彼等利益比例，置身此項團體之中國政府甚信此項計畫能得俄國方面之惠然贊助；並信美人投資參與之舉，必能實現。

第二：假如此項提議不能實行，則英美兩國當盡力協助錦州——璦琿鐵路條約。更邀請列強，惠助滿州完全商業中立化之舉，並參與投資建築上述鐵路以及商業上必要之其他支線。同籌集款項，以作中國贖回現有鐵路之用，如其此項現有鐵路可以出讓括入上述路線計畫之內。如此則吾人所著望之目的，倘不能達，亦可漸為接近。

美國政府希望上述提議中之原則，可以薦之於不列顛帝國政府。同時並指出該項原則，尚有下列附加理由佐證：即此項計畫之完成，可以避免一切由各銀行家與中國政府直接談判無法稽查所產生之困惱情形。而且在華重要關係國家之互相聯結，當使合作之舉更易，以促中華帝國政府現在十分注意之改良國庫幣制問題，趨於簡便一途。

大不列顛政府對於上述普通原則，業已表示贊成。美國政府欲請德意志帝國政府，亦復注意於此；並望此項原則能得（德國）帝國政府之同樣惠然贊成。

December 17, 1909

An agreement having been reached whereby American and British interests are to cooperate in the financing and construction of the Chinchou-

Tsitsikar-Aigun rairoad, the Government of the United States advised the British Foreign Office that it was prepared cordially to cooperate with His Britaunic Majesty's Government in diplomatically supporting and facilitating this enterprise so important alike to the progress and to the commercial development of China. The Government of the United States slated that it would be disposed to favor ultimate participation to a proper extent on the part of other interested Powers whose inclusion might be agreeable to China and which are known to support the principle of equality of commercial opportunity and the maintenance of the integrity of the Chinese Empire.

However, the Government of the United States asked His Britannic Mejesty's Government, before the further elaboration of the actual arrangement, to give its consideration to the following alternative and more comprehensive projects:

First: Perhaps the most effective may to preserve undis turbed enjoyment by China of all political rights in Manchuria and to promote the development of those provinces under a practical application of the policy of the "open door" and equal commercial opportunity would be to bring the Mauchurian highways, the railroads under an economic, scientific and imparttial administration by some plan vesting in China, through funds furnished for that purpose by the interested Powers willing to participate ownership of the railroads. Such loan should be for a period ample to make it reasonably it certain that it could be met within the time fixed and should be upon such terms as would make it attractive to bankers and investors. The plan should provide that nationals of the participating Powers should supervise the railroad system during the term of the loan, and the governments concerned should enjoy for such period the usual preferences for their nationals and materials upon an equitable basis inter sese.

The execution of such a plan would naturally require the cooperation of China and of Japan and the Russia, the reversionary and the concessionary respectively of existing Manchurian railroads, as well as that of Great Britain and the United States, whose special interest rests unon the existing contract relative to the Chinchou Aigun railroad.

The advantages of such a plan to Japan and to Russia are obvious; both those Powers (desiring in good faith to protect the policy of the "open door" and equal opportunity in Manchuria and wishing to assure to China unimpaired sovereignty) might well be expected to welcome on opportunity to extend the separate duties, responsibilities and expenses they had undertaken in the protection of their respective commercial and other interests for impartial acsumption by the combined Powers including themselves in proportion to their interests. The Government of the United States has some reason to hope that such a plan might meet favorable consideration on the part of Russia and has reason to believe that American financial participation would be forthcoming.

Second: Should this suggestion not be found feasible in its entirety, then the desired end would be approximated, if not attained, by Great Britain and the United States diplomatically supporting the Chinchou-Aigun arrangement and inviting the interested Powers, friendly to the complete commercial neutralization of Manchuria, to participate in the financing and construction of that line and of such additional lines as future commercial development may demand and at the same time to supply funds for the purchase by China of such of the existing lines as might be offered for inclusion in this system．

The Government of the United States in expressing the hope that the principle involved in the foregoing suggestions might commend itself to His Britannic Majesty's Government pointed out that that principle finds support in the additional reasons that the consummation of some such plan would avoid the irritation likely to be engendered by the uncontrolled direct negotiations of bankers with the Chinese Government and also that it would created such community of substantial interest in China as would facilitate a cooperation calculated to simplify the problem of fiscal and monetary reforms now receiving such earnest attention by the Imperial Chinese Government.

The Government of Great Britain having signified its approval of the general principle involved, the Government of the United States desires to invite the attention of the Imperial German Government to the same in the hope that it will commend itself to like favorable consideration on the part of the Imperial Government.

2 德國外部秘書Schoen男爵致德國駐美大使Bernstorff伯爵之電[9]

答覆A字第一八三號報告。[10]

美國大使曾將本月十七日說帖，交給我們；其內容為（美國）總統Taft所提關於促進中國門戶開放政策一事，尤其是關於滿洲方面。此項條陳並與投資建築錦州齊齊哈爾──璦琿鐵路一事有關。請告美國政府，我們對於彼所提出之普通原則，完全贊成，倘若彼此因實現此項原則起見，有所進行，我們極願附和追隨。

對於美國大使方面，已將此意告知。

V. Schoen

原書按語

德國政府方面對於美國說帖，最初未以書面回答。其後因應美國方面之希望，乃於二月二十一日，特用公文答覆。其中有云：「德意志帝國政府對於說帖中所列普通原則，極願表示同

---

[9]　一九〇九年十二月二十四日，自柏林寄。
[10]　即駐美德使Bernstorff十一月五日之報告，請看前篇篇末所附「原書按語」一段。

意。蓋因此種原則，實與德國政府所採中國門戶開放政策，完全
相符，故也。」

3 德國駐美大使Bernstorff伯爵致柏林外部之電[11]

答覆第一四七號電報。[12]

余於今日,曾依照訓令,向著國務卿表示我們意思;彼聞之極為歡喜。彼並將美國駐英大使(W. Reid)與美國駐日大使(O'Brien)來電,念與我聽。

英國政府回答之中,曾言:彼甚欲先行一知,究竟俄日兩國對於美國條陳,係採何種態度。

美國駐日大使之意,則謂日本對於南滿鐵路國際化一事,當可允許,云云。

國務卿覺得此種計畫,極有重大意義。蓋由此可於俄日兩國之間,置一緩衝地帶,以使(國際)和平及門戶開放兩事鞏固。

國務卿更以為日本方面或者真是心口如一,(德皇威廉第二旁註:一定不是!)願意滿洲門戶開放。如此則日本行將解脫滿洲鐵路之管理責任,並由此得著(贖路)款項以改進彼之財政困難狀況,(德皇威廉第二旁註?)此在日本方面實將引為十分幸福者也。(德皇威廉第二旁註:恰恰相反!只算是惡劇之中,強作歡顏而已!)但是如果日本方面並非心口如一,則此種計畫正

---

[11] 一九〇九年十二月自華盛頓寄十二月三十一日到柏林。
[12] 即上列第二篇。

足以強迫日本暴露本相。（德皇威廉第二旁註：希望如此）國務
卿並曾應用下列一種吐屬，略謂我們在此事件之中，可將日本燻
乾。（德皇威廉第二旁註：用英國煙氣乎！？！此真可以算作一
場趣劇！）

Bernstorff

4 德國駐日大使Mumm von Schwarzenstein男爵致柏林外部之電[13]

美國（駐日）大使曾於上月十八日，依照訓令向者（日本）外務大臣Komura伯爵，提出條陳，主張滿洲所有已成未成鐵路均當收歸（中國）國有。（德皇威廉第二旁註：好呀！）並參加國際資本，置諸國際監督之下，云云。Komura先生曾答以此事關係重大，在內閣會議以前，不能表示任何意見，云云。

英國（駐日）大使（Sir Claude M. Macdonald）與法國（駐日）大使（A. Gerard）曾接本國政府通知，謂美國在倫敦與巴黎方面，亦有同樣之行動。

美國（駐日）大使相信，英國政府對於美國條陳，當抱好意態度。但英國（駐日）大使向余，則表示一種十分慎重保留之態度。（德皇威廉第二旁註：彼當顯出一副好看面孔）

余以為日本方面，無論從政治上與軍事上理由著眼，對於現在已經築成或者已經允許之鐵路，當無贊成美國條陳辦法之事。余更懷疑，英國政府願照美國意旨，向著彼之盟國（日本）加以何等壓迫。（德皇威廉第二旁註：如此則美英兩國之間勢將

---

[13] 一九一〇年正月二日，自東京寄。

發生不調情形，英國處此黃種盟友與白種兄弟之間，勢將進退維
谷！）

Mumm

5 德國駐俄大使Pourtales伯爵致德國國務總理 Berhmann Hollweg 之文件[14]

　　余從美國（駐俄）使館參贊（M. Schuyler）處聞知，美國政府曾交與俄國政府計畫書一件。此項計畫書，曾由美國使館祕密給余參考，茲特別附呈。按照該項計畫，則滿洲境內鐵路，將由一種「國際組合」，加以收買。Schuyler先生並謂，現在已有英美兩國銀行，願意對於此事投資。而且預料德國資本，亦將加入云云。究竟此間政府對於此項條陳所寶態度如何，該參贊尚不能詳細確實告余。惟就彼所得印象而論，似乎此間重要人士，對於此項問題，意見甚為分歧。

　　其間余更從他方面聞只知，近來（俄國外長）Iswolsky先生與美國大使Rockhill之間，會開談判數次，討論此事。並聞Rockhill曾經聲言：假如俄國對於此種滿洲鐵路國際化之條陳，不願接受，則該項「國際組合」或將建築一條鐵路，以與東部西伯利亞鐵路之滿洲一段，互相競爭。（德皇威廉第二旁註：是呀）Iswolsky先生之精神，現在又復飽受刺激。彼認為美使此種聲稱，乃係一種恫嚇之舉；於是激烈爭辯不已，竟使美使

---

[14] 一九一〇年正月四日，自聖彼得堡寄。

Rockhill先生忿而言曰：倘若該總長以後仍持此種腔調，則該使將來與彼，只用書面來往，（不復再作面談）亦云云。（德皇威廉第二旁註：恭喜恭喜！Iswolsky應該小心一點！關於金錢之事與美洲老（yankee）打交涉，不是一樁好玩的事情呀！）

因為上述各種情形之故，於是近來新得了一種消息，頗可值得注意：即奧匈使館武官（Spannoochi伯爵）曾從可靠方面聞知，現刻中俄兩國之間，正在磋商將滿洲里與城割與俄國之舉，如此項消息果確，則俄國方面對於出賣西伯利亞鐵路滿洲一段之事似乎已在打算之中矣。（德皇威廉第二旁註：賣與日本？抑賣與中國？）

F. Pourtalés

6 德國駐日大使Mumm von Schwarzrnstein男爵致柏林外部之電[15]

繼續第三號電報。[16]

日本內閣總理Vicomte Katsura曾經聲稱，沒有一位日本部臣，敢於接受美國條陳；（如果接受，則）日本國民勢將立焚大臣府邸。

但答文之中，對於美國條陳，在原則上卻極十分敬仰。

Mumm

---

[15] 一九一〇年正月自東京寄，正月十一日到柏林。
[16] 一九一〇年正月九日，德國駐日大使曾拍第三號電報，報告柏林，略謂所有日本報紙，無不反對美國條陳。云云。

7 德國駐英大使Metternich伯爵致德國國務總理Bechmann Hollweg之文件[17]

今日余與Sir Edward Grey之私人秘書（Tyrrel），談及美國國務卿在報上發表之滿洲鐵路計畫一事。但余卻故意不令該秘書查出，余已從柏林方面，得知此事內容。

Tyrrel先生言曰：英國政府對於美國條陳，僅僅原則上加以贊成，並曾特別聲明，此事須先求俄日兩國政府同意，方可。其後（美國國務卿）Knox先生乃轉向俄日兩國政府接洽，直到現在，彼只接得俄國方面一種推託答覆，略謂俄國政府對於此項計畫，尚須詳細加以考慮，云云。至於東京方面，則至今未有回答。

Tyrrel先生對於美國國務卿報上公布之舉，至為詫異。彼並以為日本輿論之嚴軍拒絕，實屬最易明瞭之事。

該秘書又言：依照美國計畫，則此種由美德英法，從日俄手中購得之滿洲鐵路，應該交還中國政府，由中國方面加以管理云云。彼甚疑惑能夠籌得必需款項，以購此種預備交還中國純由華人自行管理之鐵路。

---

[17] 一九一〇年正月十日，自倫敦寄。

　　究竟此處，是否僅係Tyrrel先生之錯誤，余實不能評斷。蓋因余未向彼相告美國政府交與我們之計畫，其內容實與彼所言者不同故也。

P. Metternich

8 德國駐俄大使Pourtalés伯爵致德國國務總理Bechmann Hollweg之文件[18]

俄國政府對於美國所提出之滿洲鐵路說帖,雖然尚未表示確切態度,現在業已表現之輿論情形,雖然尚欠明瞭;但今日已經可以斷言者,即美國條陳之在此問,就普通一般而論,並不受人歡迎,是也。(德皇威廉第二旁註:請稍待!此時即加以評斷,不免太早。此事環境甚好,俄皇對此甚為傾向!)不過亦有一部分輿論,以為此種計畫,果然實現,則對於俄國方面,實有利益可期云云。

至於反對美國此種條陳之重要意見,則為:假如俄國接收此種條陳,則無異自將遠東向有地位,加以放棄,(德皇威廉第二旁註:俄國自己固極欲如此)其結果不免大失威望。余相信俄皇尼古拉陛下,以及軍人方面,皆為反對接收美國條陳之主力。(德皇威廉第二旁註:否!恰恰相反!俄皇已無戀戀遠東威望之心。對於美國條陳表示同情)此外對於滿洲國際化一層,此間亦復不甚歡迎。最後,更極反對一切扶助中國經濟文化進步之舉。(德皇威廉第二旁註:在俄皇方面卻不如此!)蓋俄國甚懼中國將來或有成為俄國險敵之一日也。

---

[18] 一九一〇年正月十二日,自聖彼得堡寄。

　　（反之）主張美國計畫有利俄國者，則以為：俄國如果接收美國條陳，則對於此項實際上不能永遠享有之鐵路，可以換得一種巨款，（德皇威廉第二旁註：不錯，卸去重擔）可以大做一筆生意。此派之中，尤其是大斯拉夫主義一流，對於俄國東亞政策，素為眼中之釘；所以希望如果東亞企業一經清理解決之後，則俄國從此可以將其「傳統的近東責任」，加倍努力為之。

　　至於（俄國外長）Iswolsky先生，對於美國計畫之態度，則常為個人利害關係所左右該總長對於此種將被許多方面責以喪失俄國威望之步驟，頗難加以決定。此外Iswolsky先生，又係一位極端反對滿洲國際化之人；所以反對此事之原因，大約該總長對於俄國政治重心，由遠東移置歐洲一事，雖亦表示同情，但對於滿洲方面以後事務，卻仍喜專與日本一國接洽。（德皇威廉第二旁註：但美洲老以及其他各國卻恰恰不願如此）據各種徵兆觀之，則伊藤侯爵前此到哈爾濱時所擬畫之俄日談判，並未根本取消。日本駐俄大使Motono男爵之父，雖已死去數個禮拜，而該使卻仍勾留本國，尚未赴俄回任。因之，此間皆以為，該使關於俄日在滿協調一事，必有所接洽無疑。[19]假如此種揣測不錯，則此間政府對於美國條陳之感不快，可以由此想見矣。

　　當（美國駐俄大使）Rockhill先生近將本國政府說帖一份，遞與（俄國）外交財政兩位總長之時，（財長）Kokwzow先生但將此項說帖接收而不表示意見。至於（外長）Iswolsky先生，則認為此項問題，對於俄國非常重要，必須仔細長久研究方可。而且該總長每逢談判之時，對於其中各點，尤其是對於應用外資以

---

[19]　在實際上，因為美國舉動之故，日俄兩國確曾立即開始接洽，以謀彼此協調；其結果遂訂成一九一〇年七月四日之日俄滿洲條約。

助中國築路之理想，十分反對。（德皇威廉第二旁註：該總長之見解，恰與彼之主上相反！）該總長並表示一種「十分忿激不安」（Very excited），之態，一如美使向余轉告者。該總長曾謂：俄國若以一個強大中國為鄰，對於俄國方面何等危險。（德皇威廉第二旁註：如此則俄國正應對於中國加以友善幫助，互相聯絡，以抗日本！）而（美使）Mr. Rockhill之意，則以為：該總長之恐懼中國，不僅是毫無根據，而且是恰與事實相反。蓋一個國力強壯經濟發達之中國，實係對於維持遠東和平之最好保障，（德皇威廉第二旁註：不錯）以及對於各國自由貿易之切實擔保。該使並引中國歷史，從無侵略他人之舉為證。而日本則以其人口過剩之故，最易被迫出於侵略政策一途。（德皇威廉第二旁註：是呀！勢將如此）至於俄國所謂中國若與日本聯結，則對於俄國方面極屬危險云云，而在該使觀之，則又認為萬無其事。（德皇威廉第二旁註：或有其事）依照Mr. Rockhill意見，則中日兩國之利害相反，中日兩族之仇恨深大，均非可以辦到互相合作者。（德皇威廉第二旁註：希望如此）所謂「黃禍」程度增高一說，未免距離事實太遠。因此，一個文明進步之中國，實為抵抗日本侵略東亞大陸之堡壘。（德皇威廉第二旁註：希望如此。自相分裂，則易於駕馭。divide et impera）

又此間常以接收美國計畫，則海參威方面之陷於危險地位，當愈較今日尤甚為憂。（德皇威廉第二旁註：毫無意義）而美使對此，則認為未免過慮。該使之意以為：和平之時，俄國在此中立鐵路之上，關於運輸軍隊火器各種權利當可獲得允許。其在戰爭之時，則戰爭雙方對於滿洲鐵路中立之不能加以尊重固屬當然之事不能避免者也。（德皇威廉第二旁註：不錯）

最後，余更有不欲忘述者，即此地人士對於彼等英國盟友與美合作一事，不免頓起懷疑英國遠東政策之念。（德皇威廉第二旁註：可喜之至）此間某外交界甚至於業已發現朕兆。謂俄國方面現在頗憂英國附和美國行動，阻止俄日兩國協調云云，（德皇威廉第二旁註：？）至於（駐俄）英使（Sir Arthur Nicolson）對於美國條陳之所以不甚表示歡迎者，甚原因係由於Sir Arthur Nicolson覺得美國此種計書，有危彼所注重之英俄同盟一事，故也。（德皇威廉第二旁註：當然）（美使）Mr. Rockhill曾向余言曰：英使似乎不甚願意，設法運動此間政府，接收美國計畫，云云。其在（英使）Sir Arthur方面，則又時常向余表示十分排斥美國計書之意。並謂該項計畫，只算一種幻想而已。彼更以為日俄兩國必無接受此項條陳之事。（德皇威廉第二旁註：該使行將禁止俄國或（俄國外長）Iswolsky為之）

現在此間對於美國計畫之論調，雖不甚佳，而美使卻相信，俄國政府衡量得失輕重之後，終當趨於接收該項計畫一途。又該使以為即就減除俄國與其他列強衝突機會，譬如現在哈爾濱情形一事而論，對於俄國方面已極有益，此固斯地人士不能閉目否認者也。

但余對於美使此種見解，似乎未免過於樂觀。不過余卻相信，在原則上，此項出售滿洲境內俄國鐵路之理想，即在此間政府方面，亦復頗有表示贊成之人。因此，俄國於此項計畫之後決定，實與購路出價多少問題甚有關係。（德皇威廉第二旁註：此事對於美洲老。一點不難）

F. Pourtalès

補陳

當余寫完上列報告之後，偶與（俄國外長）Iswolsky先生相見，彼向余頗表示其對於美國計畫不滿之章。彼直謂該項計畫未免「幼稚」。該總長以為日本方面萬無表示贊成此項條陳之事。此項條陳即因日本之反對而擱淺，則俄國方面實無理由起來，參與此種毫無實際之對日示威舉動。

除此以外，從俄國方面著眼，對於美國此項計畫亦不能不加以指摘。蓋吾人所不應忘懷者，即俄國對於彼的東亞地位，如果接收美國條陳，則無異將此地位根本放棄。（德皇威廉第二旁註：Iswolsky對於此種地位，固已老早放棄矣！現在彼尚可由此換得金銀！）

該總長最後更謂，俄國答文數日之間當可遞給，至於該文內容現尚未曾確定；但彼卻不相信，該文將表示贊成美國條陳之意。（德皇威廉第二旁註：彼之主上想法，卻與此不同）

至於德國方面，僅為本國商業起見，原則上表示贊成「門戶開放」；因此該總長對於此舉，完全諒解。

F. Pourtalès

9 德國駐法大使Radolin侯爵 致德國國務總理Bethmann Hollweg之文件[20]

　　此間報紙對於美國政府所提滿洲鐵路國際化之條陳，曾屢次加以討論至於法國政府方面對於美國建議所採之態度，據各報所述，大概係取靜待態度。

　　（法報）Temps首將依照美國建議解決滿洲鐵路問題不免發生之種種巨大困難，先行論列一遍。然後乃言法國於此項問題，並不特別直接注意。彼靡最為繁念者，惟保持中國領土完全，以及維持東亞方面俄日英三國同盟兩事而已。（德皇威廉第二旁註：？新同盟！）蓋此項同盟最足以保證法國安南領地安全，故也。（德皇威廉第二旁註：如此則此項保證，最不可靠！）不過法國方面，如遇必要之時，卻亦願意投資參加。（德皇威廉第二旁註：換言之，即不擊亦不剌）

　　此外（法報）Le Siècle之論調，亦與上面所述相似。該報以為法國態度，將以彼等盟友俄羅斯與日本盟友英吉利之態度為轉移。（德皇威廉第二旁註：換言之，即是唯日本馬首是瞻。日本竟能指揮歐洲三國行動！）假如美國條陳將來果然造成一種國際經濟組合，則法國決計一如從前對於（西亞）Bagdad地方鐵路問

---

[20] 一九一〇年正月十三日，自巴黎寄。

題所要求，換言之，即允許法國資本參加之額，至少必與其他最惠國家相等。

最後（法報）Petit Parisien乃言法國當其未知英俄日三國對於美國條陳所抱態度之前，決不先行定計，云云。（德皇威廉第二旁註：大大大國！（Pfui, grrrandenation!））

Radolin

10 德國駐俄大使Pourtalès伯爵致柏林外部之電[21]

與第八號報告有關。[22]

（俄國外部屬吏）Sasonow先生曾告此間某外交家，謂俄國閣議一致反對接收美國計畫。（德皇威廉第二旁註：可憐的俄國！將來當要後悔！）關於遞給美國方面之答文措詞，現刻尚在精究之中。

Pourtalès

---

[21] 一九一〇年正月十五日，自聖彼得堡寄。

[22] 即上列第八篇。

11 德國外國秘書Schoen男爵之記錄[23]

　　陛下曾向余言：彼與俄國大使Osten-Sacken伯爵，對於滿洲問題一事，曾作長時間之談話。Osten-Sacken伯爵向彼聲稱：俄國方面反對美國條陳；蓋俄國現在係採對日妥協政策，尤其是對於滿洲問題，希望與日諒解一致。Osten-Sacken伯爵並明言，俄國政府目的，係在停止遠東冒險政策，以便全力集中近東方面。

　　當陛下向彼言曰：果爾，則俄國將與從前所抱親華政策，背道而馳，云云。於是該使答曰：日本危險程度，實較中國危險程度為大，云云。

　　陛下遂由此斷定，我們從此更應與美合作，以使白種團結；種政策即英國方面，最後亦必加以承認云云。

V. Schoen

德國國務總理Bethmann Hollweg旁註

　　陛下今日亦曾以此意向余言之。

V. B. H. 20. L

---

[23] 一九一〇年正月十九日柏林。

皇上在一九一〇年正月十九日寄到柏林之（德國）駐華公使Rex伯爵正月二日報告篇末，曾照此意下一長批：

> 我們必須與美訂一保全中國領土之約。（共同協作commen concert）而且此約，他國亦可隨意參加！維持中華帝國領土完全（for the maintenance of the integrity of the Chinese Empire），就該報告觀之，中國急需外力幫助，因此美國舉動一點不錯。據附寄之（Wolff）電文看來[24]，則美國方面自始即未嘗期望彼之條陳，可以見諸事實。齊齊哈爾——璦琿新路，乃係（原有）滿洲鐵道之競爭路線故也。（駐俄美使）Rockhill曾向（俄國外長）Iswolsky明言：倘若俄國對於滿洲鐵路國際化之條陳，加以拒絕，則美國當築此項新路（與之競爭）。
>
> 此事將使日本極感不快，彼與華盛頓方面之關係，亦將不能改善。
>
> 該（德）使所謂日本在大陸方面預備戰爭一事，實足以證明我們常從軍事各方所探得之報告，確實可靠。日本欲有海參威！而且必在一九一四年到一九一五年以前，有之。蓋在此年之中，日本或者必將與美開戰，以爭太平洋（霸權）開戰最遲期限，必當在巴拿馬運河築成以前。因此河一成，則美國大西洋艦隊可以駛入太平洋內，於是

---

[24] 該電係報告中國府正式贊成與美訂結建築齊齊哈爾——璦琿鐵路之約。

美國太平洋方面之優勢，遂從此永遠確定。因此，我們之友誼，實為美國所急需。我們宜在此種論點之下，與美協商稅則問題。俄國之意，欲將其東方關係清理了結，以便前往（巴爾幹半島）Stambul，而不知其間黃人卻將跑到（俄國）Ural或者再往前進。

威廉

12 德國駐美大使Bernstorff伯爵 致柏林外部之電[25]

答覆第九號電報。[26]

國務卿亦從聖彼得堡美使處聞知，俄國擬將條陳拒絕；但
對於說帖中之備選條陳；或將接受，云云。該國務卿現正靜待日
本方面之拒絕。在實際上我們乃係唯一助彼之人。蓋英國方面只
是原則上表示同意，未嘗多所贊助，故也。美德兩國現在遂成為
唯一無二實際保護中國門戶開放政策之人。（德皇威廉第二旁
註：不錯）該國務卿之條陳雖然擱淺，但彼卻不後悔曾提斯議；
蓋俄日兩國由此必須將其本相暴露故也。（德皇威廉第二旁註：
是呀）該國務卿現在並信，日俄之間行將訂約瓜分滿洲。（德皇
威廉第二旁註：英國當加以庇護，以便自己可將揚子江插入荷包
之內）不然，則日俄兩國對於此次美國條陳，必當十分歡迎之不
暇；蓋俄國從前曾有意欲將彼之滿洲鐵路賣與中國，而日本亦曾
擬將彼之滿洲鐵路，賣與美國Harriman會社，該國務卿固嘗深悉
其詳，故也。

Bernstorff

---

[25]　一九一〇年正月，自華盛頓寄。正月二十日到柏林。
[26]　正月十七日柏林方面曾將上列第十篇駐俄德使電報內容，通知Bernstoff
　　伯爵，是即第九號電報。

13 德國駐日代辦Montgelas伯爵致柏林外部之電[27]

　　據美使密告，日本政府對於美國所提滿洲鐵路問題之條陳，已於今日表示拒絕。反之，對於參加錦州──齊齊哈爾鐵路一事，卻原則上表示贊成；（德皇威廉第二旁註：很聰明）但未加以詳細討論。（德皇威廉第二旁註：倫敦？！Na London?!）

Montgelas

---

[27]　一九一〇年正月二十一日，自東京寄。

14 德國駐美大使Bernstorff伯爵致柏林外部之電[28]

　　（美國）總統今日復又談及彼所心愛之中國門戶開放問題。彼云：「余甚欲其開，但余現在看見，彼等皆欲其閉。余殊奇怪（不解），究竟英國所欲得之於日者為何。」（I would so much like to keep it open but now I see they want to close it. I wonder what England expects to get from Japan for helping them.）（德皇威廉第二用英文旁註於下云：彼（指美總統而言）須以金錢或其他方法為其政策而戰。（He must fight for it with money or other wise.））

　　蓋總統與國務卿近來已將英國回答，當作拒絕看待。該總統最後並言：「當余最後一次看見（俄國外長）Iswolsky之時，與彼相聚期間甚促。余曾向彼言曰：閣下從前贊助日人，不顧我們；現在閣下對之究竟何如。」（Iswolsky was very short me when I saw him last and said: you helped the Japanese to ignore …… us how do you like it now.）

Bernstorff

---

[28] 一九一〇年正月二十一日，自華盛頓寄。

原書註語 ————————————————————————————————————

　　（美國總統）Taft從前尚任軍事秘書之時，曾於晚秋時節，
由海參威前往聖彼得堡旅行。此處所謂最後一次看見Iswolsky云
云，當係指此。

15 德國外部秘書Schoen男爵上德皇威廉第二之奏札[29]

　　皇上陛下，余不敢遺漏怠慢，謹將此間俄國大使交來之備忘錄一件，恭呈御覽，此項備忘錄之內容，乃係（俄外長）Iswolsky先生回答駐俄美國大使關於滿洲鐵路中立問題之公文。

附件

備忘錄

　　余奉命通知閣下，昨日Iswolsky先生曾向美國大使發出宣言，以答華盛頓政府最近關於滿洲鐵路中立化一事之條陳。帝國政府之意以為，滿洲現在情形，無論對於中國統治主權或門戶開放原則，均無陷於危迫之事。因此，帝國政府未便接收美國計畫。在實際上，此類計畫之實行，對於中東鐵路公司不免有損；衡對於與此有關之許多私人利益，亦然在他方面，此種鐵路乃係聯絡我們遼東領地之線，所以我們對於鐵路所經區內，變更管理事務之舉，必須十分謹慎。至於錦州——瑷琿鐵路之計畫，帝國政府允於原則上加以研究而且我們對於此種計畫之促現，是否參

---

[29] 一九一〇年正月二十三日柏林。

加，當以我們先知此種企業之基礎組織為先決條件。蓋此種基礎
組織，我們至今一無所知，故也。同樣，對於錦州──璦琿國際
會社或欲建築之其他路線，帝國政府亦當預先保留，一俟考察計
畫內容以後，再行決定參加（與否）之權。

Aide-mèmoire

Je uis chargé de faire Connaître à Votre Excellence que dans la
iournée d'hier M. Iswolsky a donné ses explications à l'Ambassadeur
des Etats Unis Comme rèponse au sujet de la dernière proposition du
Cabinet de Washington concernant la neutralisation des chemins de fer de
Mandchourie. De l'avis du Gouvernement Impérial la situation actuelle en
Mandchourie ne présente aucune menace ni à la souveraineté de la Chine,
ni au principe de la porte ouverte; conséquemmnent le Cabinet Impérial
se refuse à accueillir favorablement le projet américain. En effet l'exécution
d'un pareil plan porterait préjudice à la société duchemin de fer de l'est
Chinoise, également aux nombreux intéréts privés qui s'y attachent. D'un
autrecôté, l'intérèt que cette ligne présente à nos communications avec nos
possessions d' Extrême Orient nous oblige à la plus grande prudence pour
ce qui apporterait un changement de régime dans la région que traverse
le chemin de fer. Pour ce qni est du projet du chemin de fer Chincho-
Aigun le Cabinet Impérial consentirait en principe à l'étudier, ainsi que la
question de notre participation à sa réa isat on ā condition d'être renseigné
an préalable sur les bases de l'entreprise que jusqu' ici nous ignorons.
De même pour ce qui concerne l'eventualité d'autres projets lignes que
le syndicat international Chincho-Aigun se proposeait de construire, le

Governement Impérial se voit obligé de se rérver la faculté de s'y associer après examen de ces projets,

16 德國駐日大使Mumm von Schwarzenstein男爵致德國國務總理Bethmann Hollgweg之文件[30]

　　余既由各種痕跡現象，察得此間必有何等外交行動之後，乃從而探聽，得悉上月十八日，美國大使曾向日本外務大臣遞一通牒，主張滿洲已成未成鐵路，收歸（中國）國有，並且參加國際資本，應受國際監督云云。因十二月十八日為星期六之故，該牒似乎直至上月二十日，始到日本大臣之手；至少十二月二十日某處早餐之時，該大臣對於通牒內容，猶自謂毫無所知。當上月二十三日接見外國使臣之際，美國大使曾向（日本外務大臣）Komura伯爵，談及該牒之事。但該大臣只答以此事關係重大，非先行提交閣議之後，彼不能發表任何意見，云云。

　　英法俄三國駐日大使，曾由本國政府電知，謂美國駐英駐法駐俄各使，曾有國樣行動，云云。又上述三位駐日大使並曾聞知：北京政府亦嘗接得同樣通牒。究竟柏林方面是否亦有同樣通牒之遞給，則雖美國大使自己，亦復不能向余確答。但余卻相信，柏林方面必有此項通牒之遞給無疑。縱然法國駐日大使曾向

余言：美國此種在日在俄在華行動之所以特別通知倫敦巴黎政府者，或者只是因為英法與日俄有同盟關係之故而已，云云。（但余終信柏林方面，亦有此項通知。）

關於牒文內容，美國駐日大使則以未有本國政府訓令允許之故，不能交余閱看。至於法國駐日大使，則謂巴黎方面曾將美國條陳擇要電示，云云。而且此項巴黎來電，似乎與（美使）O'Brien先生口頭向余相告者，不甚符合。

現在最關重要之問題，當然是日本政府對於美國條陳，究採何種態度。據余所見，則美國此種行動，將被此間政府很恭敬的，但是堅決的拒絕，實屬毫無疑義。

余之個人，當可不為人所懷疑，謂余久居黃種之間，業已變成親日派。因此之故，余可靜將余之下列意見發表：即美國此種對日奢求，可以視為一種幼稚輕率之舉動。而且此種舉動實為缺少外交訓練之華盛頓政府所常常不免者也。美國此種行動頗令余覺得，好像一位小加爾（Karlchen）跑到一位小亨士（Hänschen）那裏去，提出建議，兩位共將蘋菓瓜分。而小加爾自己卻未嘗帶有蘋菓來此，以作瓜分之用！主張滿洲以及各地門戶開放，誠然是一椿很美之事。但此種原則之實行，則常為各國現有特權所限制，只能達到某種程度為止。此種特權，無論由於事實上的或由於條約上的，均可。余意以為吾人若從公道上說，對於日人方面，實難令其未有倆等可靠交換權利，遂將自己特權先行放棄。蓋人此項特權，固係由於戰勝所得，並當著美人面前，特訂條約，加以證明者也。日人之得有南滿鐵路也，係由Fortsmouth（日俄議和）條約所規定，至於安東——奉天鐵路之權利，則係由於一九〇五年十二月二十二日北京條約所得；吉林

——Hoi-rjöng鐵路之權利，則係由於去秋中日條約所得。所有上述各種鐵路，對於日本控制鄰居大陸，無論在政治上及軍事上，皆含重要意義；並與高麗旅順兩地，構成日本勢力之台柱。

但是美國人，雖在自己家中，時常努力辯護門羅主義，而現在卻帶著一副十分天真爛熳之面孔，前來向著日人建議，請將各種鐵路惠然讓出，以利公眾云云。倘若日人果然為之，則必係彼等曾經大飲墨水無疑！[31]

美使O'Brien先生誠然向余遊說，謂日本如果出讓，對於日人實有種種利益。如日人將由此換得許多金錢，以整理國內財政；又如日人將由此得以避免此後與華與俄之糾葛，蓋彼此衝突機會，因此大為減少，故也；此外投資建設滿洲鐵路之列強，尚將給與日本，關於防俄侵略之保證，於是日本將成一個永遠不能被人攻擊之純粹島國，云云。吾人對此，首先有所欲言者，即南滿鐵路；至少依照日人方面聲稱，乃是一條十分賺錢之鐵路；因此財政原因一說，實不能作為放棄該路之理由。至於日本對俄對華關係一層，如果日本方面寧願倚靠自己鐵路以及護路軍隊之助，而不願倚賴國際保證之舉，則余對此，無論如何，殊不敢謂其失計，加以非難也。最後，本自己並不願意，永作一個純粹島國。彼將中國東北視作彼之勢力範圍。當彼即將高麗獲得之後，於是自認具有資格，對於南滿地方行使一種統治主權。日本移民南美洲與菲律賓之舉，在大體上即已認為效益很少；而同時移民北美與澳洲之事。又為該地政府所阻限。於是日本移民之大潮流，乃由政府加以贊成與獎勵，群向亞洲大陸而來。倘若日本

竟將該處所屬鐵路放棄，則對於日本移民事件，以及日本勢力全部，勢將受一重大打擊無疑。

假如一個商人某甲，向著其他一個商人某乙建議，彼此商店合併為一；則某甲對於此種新組商店，必須安置一些資本貨物進去。但是美國對於此項所擬創設之鐵路組合，究竟將投何物進去？最多只有彼與英國共有之錦州──齊齊哈爾──璦琿鐵路建築權一項，可以算作彼之份子。但此項權利，據此間所知，尚未得著（中國）皇帝論旨允許。更因該路所經，皆係人口稀少土地貧瘠之區，究竟是否有利可圖，現在尚是十分可疑。

至於其餘各國，對於美國條陳之態度如何，余此時僅能根據此間各國使臣之表示，加以推斷。

此間美國大使關於此事情行，似乎始終未得本國政府詳細相告。據該使之意，則英國政府對於美國條陳，係抱好意態度。余從此間英使所持十分穩慎冷淡狐疑的論調觀之，余卻未嘗察得英國對此，係抱好意態度。關於錦州──璦琿鐵路問題，英人誠然願與美國合作；蓋英人在此察得現在日人反對錦州──璦琿鐵路之情形，遠不如從前反對新民屯──法庫門鐵路情形之烈；因而英國政府對於此事或將順迎Pauling會社之意亦未可知。蓋該項會社前此因為英國政府對於法庫門鐵路採用穩慎態度之故，曾大受損失，故也。但英人對於美國條陳之贊成，其程度亦只限於此點，逾此以外，則非彼所欣然歡迎也。據余之意，無論如何，英人決不因為贊助此項條陳之故，向其日本盟友，施用任何壓迫。

反之，中國政府似乎願意接收美國條陳；蓋該政府希望由此可以恢復彼之滿洲完全主權；至少余從（英使）（Sir Claude Macdonald）之談論中，可以看出中國方面似乎有此意向。蓋該

使嘗大膽譏笑「中國愚蠢政府」，引以為樂。彼謂：中國政府只遇一點黏質，（指歐人所用捕蠅黏質而言。）亦必去甜一下，於是現在情願以一個洋鬼子，去掉換半打洋鬼子；其所換得者，則為此項洋鬼子允。投資築路云云。

至於法國大使（Géard）言談取笑之間，則謂美國外交界此種愚蠢行動，甚令人想起一條狗在瓷器店中之行動。彼並將日本方面不能接受美國條陳之各種理由，一一列舉。

關於俄國方面之意見，余直接未有所聞。蓋余與俄國大使直到現在，尚未談及此事，故也。余嘗向法使言曰：俄國方面對於美國條陳，似應比較日本歡迎，蓋此項條陳，雖使俄國放棄滿洲鐵路，他方面卻能藉國際助力以阻彼之敵人來攻，云云。但法使之意則以為，余之主張如果中肯，則必在將Kuenga——Chabarowsk——海參威鐵路築好之後，而現在俄國對於美國計畫，當亦不在贊成之列；蓋此項計畫足以奪去彼之北滿優勢地位故也，云云。

最後，若就此事對於我們而論，則依照余意，即或美國計畫實行，將來不免影響我們山東鐵路，但此事大體上對於我們總算有益。蓋此種計畫，實將滿洲開放，作成國際自由競爭之地，故也。因此，我們實無理由，以拒美國計畫實行。然在他方面，余又不主張，我們因為贊助美國計畫之此，向著政府積極活動。蓋由此將使我們變成一位代取死胎之產婆；並將由此招引日人仇怨，此實為幫助美國計畫之結果，所必不可避免者也。

A. V. Mumm

17 德國駐俄大使Pourtalès伯爵 致德國國務總理Bethmann Hollweg之文[32]

　　（俄國外長）Iswolsky先生昨又向余談及美國所提滿洲鐵路說帖一事。就其論調觀之，足見該外長對於美國條陳，猶有幾分不快印象遺留。

　　Iswolsky先生曾言彼實不解，美國何以能夠提出此種條陳，明知俄日兩國勢必加以拒絕。（德皇威廉第二旁註：只拒絕了一半）

　　俄國政府誠然表示願意對於錦州──齊齊哈爾──璦琿鐵路建築計畫，加以考慮；但由俄國方面論點出發，對於此項鐵路，實有種種危慮前來眼底。試問美國何以能夠要求俄國，贊成一種橫穿俄屬滿洲鐵路之路線。而且此項路線將與俄屬滿洲鐵路作經濟方面之時並與俄國軍事方面特別緊要之Blagowiejeschische sk地相接！在Amur鐵路未成以前，俄國萬無贊成建築此路之理。惟吾人引以為怪者即美國發出此次全部計畫之前，並未先與俄國一為協商；蓋美國方面固非不知，俄國所有利益將受何等影響者也。

　　美國條陳亦有一種好處，即彼將俄日兩國利害一致之情形，暴露於世人之前。（德皇威廉第二旁註：Nicholson[33]！哈哈！）

---

[32] 一九一〇年正月二十九日，自聖彼得堡寄。
[33] 譯者按：此人係英國駐俄大使。

同時並使可笑謠言所謂日本具有作戰之意者，亦復歸於消滅。
（德皇威廉第二旁註：驢子！[34]）

　　就大體情形而論，余覺得Iswolsky先生昨日對於美國條陳之
非難口氣，遠較我們最後一次晤談之時為烈。或者此事與余近從
可靠方面所得消息有關：即尼古拉皇帝陛下對於該總長答覆美國
建議之內容不以為然。（德皇威廉第二旁註：全不如此！）蓋
（俄皇）陛下希望此種拒絕答文之措詞，應該再為尖銳簡短堅決
一點，有如日本方面之答文（德皇威廉第二旁註：恰恰相反！）

　　美使（Rockhill）對於俄國此種拒絕，稍感不快。現在彼亦
自承：此次事件辦理稍嫌倉卒一點。但彼個人對此，卻無過失可
言。Rockhill先生在此初次登臺失敗，當然不甚愉快。

　　此外美使並謂：俄國不能看到，美國條陳於俄有利，實屬
眼光短淺。（德皇威廉第二旁註：不錯）彼又言：曾有一位俄國
高級軍官向彼談及，此間參某部在四年以前，對於建築齊齊哈爾
──璦琿鐵路問題，曾經特別加以考慮。（德皇威廉第二旁註：
是呀）足見此路對於俄國軍事方面，亦有大益，（德皇威廉第二
旁註：不錯）實與Iswolsjy先生主張完全相反，云云。

F. Pourtalès

---

[34] 譯者按：言其蠢如驢子也。

18 德國駐日大使Mumm von Schwarzenstein男爵致德國國務總理Bet-hmann Hollweg之文件[35]

祕密

直到今日，余均覺得，不便直向（日本外長）Komura伯爵，談及美國所提滿洲鐵路條陳一事。一則因為此種題目，當非該外長所歡迎之談話材料，故余對此特別謹慎。二則因為余即一旦將此題目提出，則余其勢很難避免，對此一為表示我們態度之舉。

反之，最為好事之法國大使（Gérad），對於此事卻不能自禁，特向日本外長，叩其所懷意見。據Gérad先生告余云：Komura伯爵曾答以日本在滿地位係由國際條約獲得。日本所有南滿安奉吉林Hoi-rjöng各種鐵路權利，亦均建在此項條約之上。此種權利乃係由於日本兵士流血所取得，政府實無權將其放棄。反之關於錦州──璦琿鐵路一事則情形略有不同。蓋日本對於該項鐵路以及此後新添路線之「國有」計畫，（德皇威廉第二旁

---

[35] 一九一〇年正月八日，自東京寄。二月四日，到柏林。

註：「國際化」計畫）並不反對故也。[36]此外，關於建築鐵路日本投資參與一層Komura卻未言及。據Gérard先生之意，則以為此事當不甚可靠。

法國大使並向余言：日本之所以不願對於錦州——璦琿鐵路特別反對者，實因該路建築之舉，尚係一種疑問。即或最後中國加以允許，而其他具有利害關係之列強，亦將加以阻礙；例如俄國對於建築此路之事，即絕對不表同情。蓋齊齊哈爾與寬城子間一段之交通，將為此路所吸，故也。因此之故，俄國政府方面很難協助該項英美會社，取得此種築路之權。

Gérad先生繼而又評美國此次行動之方式。彼以為此種行動，真可算是一種奇怪外交手續。如此尚未成熟之條陳，毫無把握期其實現，今竟採用正式公文手續，直向外國政府遞交。假如滿洲尚係一張未曾書寫之白紙，無論俄國與日本均未具有條約上之權利，則美國此種條陳，當然可以提出；而現在情形固不如此。因之，美國政府此舉，不是太晚，便是太早。所謂「太早」者，Gérad先生之意，係指此種滿洲鐵路收歸「國有」，參預國際資本，並由國際監督之舉，必須待到各種鐵路條約將近滿期之時方能談及。但現刻距離此項期間尚遠，蓋據一八九六年之日俄條約[37]，則滿洲鐵路權利，尚有[38]三十六年左右之久。至於安奉鐵路權利，則尚有十二年左右之久。

最後，Gérad先生並謂：彼覺得美國提出此種條陳，並不十分嚴重認真；無論如何，彼不覺得，美國政府具有實現此種條陳

---

[36] 譯者按：所謂「國有」係指中國收歸國有而言。
[37] 譯者按：當係中俄條約之誤。
[38] 譯者按：此處原文似有錯誤「尚有」當改作「計有」。

之決心，以及一旦被拒之時間，採用嚴重外交行動之決意。美國
政府之所以為此者，不過意欲先期預示彼之將來論點而已。

A. V. Mumm

19 德國駐美大使Bernstorff伯爵
致柏林外部之電[39]

　　（美國）國務卿在昨晚宴會席上，與余並肩而坐者數時之久；彼時常談及中國，蓋該國實已成為彼之興趣中心，故也。彼對於俄國日本以及英國極為不滿。並謂英國實為日本所驅使，云云。尤其使彼忿然者，即俄國頃又要求，凡有關於滿洲鐵路問題之事，均應向其諮詢，云云。至於俄國此舉，其間當已為閣下（此語係該使向著柏林外部長官而言）所聞知矣。國務卿又謂：俄國此讓此種要求，實違（日俄）Portsmouth議和時之一切宣言。中國時常備受俄日兩國之威嚇，因為中國太弱，故也。吾人對於中國必須加以扶助；但此事固只有（德美）「兩個無私國家」（two unselfish Powers）所能為也。

　　現在此間空氣，對於我們甚好，實為近年以來所未有。其表示於外者亦復最為熱切。（美國）總統與國務卿對於關稅問題之解決曾向余表示十分滿意。[40]余對於中國問題，當然不敢多所討論，僅言此類思想，余在從前曾與（美國總統）Roosevelt先生談過一次而已。茲特敬請閣下（指柏林外部而言）裁奪，余是否應

---

[39] 一九一〇年二月，自華盛頓寄。二月七日，到柏林。
[40] 美國政府於二月二日與Bernstorff伯爵談判之結果，對於商約一事，遂完全妥協。

將舊日談判重行繼續；蓋此項談判，在十五個月以前，當美國與日締約之時，曾經歸於停頓者也。

Bernstorff

20 德國外部秘書Schoen男爵之說帖[41]

　　我們在一九〇八年，曾與華盛頓政府，對於德美華三國政治諒解問題，加以詳細討論。我們當時曾主張，彼此互發宣言，首由中國商請德美兩國，贊助彼之政策。此項政策內容，即係該國不再割讓領土與任何一國，並為各國商業開放門戶，云云。反之，德美兩國則向政府宣言，贊成此種政策；同時並向彼約言；此後德美兩國政策，將以難持中國完全獨立與整個領土為志，云云。

　　此種辦法之在當時，似無何等危慮可言。蓋此舉一方面係由中國發動。他方面則係追隨英日俄日法日各種約協之後；因此種協約，曾由上述各國互相結訂，只是中國方面未曾加入而已。

　　此項計畫因為美國反對而擱淺；其實此事之最初動議，本係美國方面（而非德國方面）也。當時（美國）總統Roosevelt曾將自己主張，加以變更，並向（德國）前任大使Speck von Steruburg男爵，以及（現任大使）Bernstorff伯爵，言曰：彼對於此類與華協約之議不能採用。蓋由此或將誘引中國採行仇日政策，故也。倘若中日之間，發生戰事，則中國方面實屬毫無武備可言。而德國與美國又均不願因此代華禦日；德國即不能派遣艦隊到太平洋

----

[41] 一九一〇年二月十日。

去，美國亦不能為華而開戰釁；蓋美國輿論決不贊成此類戰爭，故也。云云。美國在一方面既反對我們提議，而在他方面卻不遲疑顧慮，竟與日本於一九〇八年二月一日同簽一種宣言；其內容係表示美日兩國志趣，恰與上述各種協約相同，決定維持太平洋之現狀，以及中國領土之完全。

Bernstorff伯爵建議，重行繼續一九〇八年之談判一事，此時實有許多不便之處。美國現刻政府對於此事，誠然似乎比較彼之前任，願意商量一點；蓋總統Taft與國務卿Knox欲將作為彼等政治活動場所，故也。現在彼等關於滿洲鐵路中立問題，既遭失敗，於是彼等或者覺得，美德華三國若能共結關於保全中國領土之條約，當可補救此次失敗。但是其中已可大令吾人懷疑者，即美國輿論方，對於本國政府此種舉動，是否贊成，是也。尤其令人缺乏把握者，即美國現刻政府之後任，對於此種條約，是否表示同意，並決心貫澈實行。更加以我們所處情形，全與美國不同；美國政府因其所處地勢之故，所有政策之決定，毋須顧及歐洲方面，而在實際上，彼亦未嘗顧及歐洲方面。反正我們則常與歐洲列強有關。此項列強對於我們，又復時時皆在猜凝之中。因此彼輩對於我們原則上贊成美國所提滿洲（鐵路）中立條陳一事，業曾設法利用，以作攻擊仇視我們之具。此外尤應顧及者，即英國方面，最初對於美國條陳，表示贊成，全與我們相同；其後因為顧及彼之日俄兩友的原故，遂將初意大為變更。而日俄兩國對於遠東問題，又復極為相協，攜手而行。至於法國則追隨上述列強之後。

如果我們竟自顧與美國中國，共結此種領土保全條約。則我們勢將陷於上述歐洲列強以及日本方面之反對地位。而且預料此

後所有美國遠東政策，其勢皆將成為我們遠東行動之唯一指南。此外，更因我們前此贊成日俄兩國最為憎惡的滿洲鐵路中立條陳之故，於是一腔仇恨，直落我們身上。其結果，我們歐洲方面之國際關係，益趨惡劣；而與美妥協一層，卻只能算作一種毫無把握之抵償。至若關於政治問題，我們將來或可獲得美國實力贊助一層，則我們無論如何，千萬不宜作此妄想。

在此種情形之下，我們萬無再向華盛頓提議，訂結保全中國領土條約之理。（德國國務總理Bethmann Hollweg旁註：決不再作此項提議）反之，倘若美國政府偶一然向著（德國）欽命大使提及此議，則我們可以表示容納之好意（德國國務總理Bethmann Hollweg旁註：有何目的？）但同時卻聲明，此事必須英國合作方可。

從上面所述各種理由觀之，是否可向華盛頓（德國使館）寄給下列訓令？

倘若美國政府偶然提出一九〇八年之思想，即請好意承受。並於討論之時，引用從前（美國總統）Roosevelt回答之語。略謂我們對於Rooseve所舉理由，亦復深以為然，因此我們對於締結保全中國領土條約一事，原則上雖始終贊成，但至少必須英國參加此項條約，始可促進吾人和平目的。假如英國方面業已運動成熟，當可易使中國向陳提出此類動議。如此則英國方面，因為顧及俄日兩國之故，所抱各種危慮，當可從此掃除又美國政府若向倫敦運動此事，最初之時，請其千萬不要提及我們；以免（美國）此次行動之效果，自始即因英國懷疑我們之故，成為問題，無效可睹。

V. Schoen

21 德國國務總理Bethmann Hollweg致德國駐美大使 Bernstorff伯爵之訓令[42]

回答本月六日第四十五號電報[43]以使閣下密悉政府意旨。

實現一九〇八年思想之舉，此時對於我們甚為不便。蓋我們若結德美保全中國領土條約，則將引起歐洲列強懷疑我們。而且（美國）Knox先生已遭失敗之滿洲條陳所引起的仇恨，更將落在我們身上。因此我們再將十五個月以前所開之談判，重行繼續一層，似甚不合機宜。反之，假如美國政府偶然向著閣下提及此事，則我們即就保有美國政治家友誼關係一端而論，已應表示一種似乎惠然贊成之意。並且宜向美國政府聲稱：我們對於德美一致行動，以維持中國門戶開放政策一事，時時皆願樂從。惟對於直接提議訂結保全中國領土條約一層，則我們甚覺一九〇八年總統Rossevelt曾向我們提出之各種疑慮理由，實有考慮價值，不可加以忽視。

倘若察出美國政府果能嚴守祕密，不向英國轉告，則閣下或者十分謹慎，一為試探，言曰：我們以為締結保全中國領土條約一事，至少須得英國加入此約，始可實際促進吾人和平目的，云

---

[42] 一九一〇年二月十五日，自柏林寄。

[43] 按即上列第十九篇。

云。但余（國務總理自謂）相信英國加入之事，卻極不可靠。倘若美國欲向倫敦政府窺探意旨，則請千萬不要提及我們，以免美國此種行動之效果，自始即因英國懷疑我們之故，成為問題，無效可睹。

V. Bethmann Hollweg

22 德國駐美大使Bernstoff伯爵
致柏林外部電[44]

繼續第四十五號電報。[45]

（美國）國務卿向余言曰：中國政府對於錦州——璦琿鐵路計畫，業已表示同意。

日本曾通知中國方面，謂只要中國允許日本，由南滿鐵路築一支線，直與上述新路相接，則日本對於建築該路計畫，並不反對；而且願意投資該路，參與其事。

英國方面則聲稱：如能先向俄日兩國諮詢（得其同意），則英國始能參加此項鐵路計畫。國務卿謂：英國此種態度，係基於一種英俄協約；（德國外部秘書Schoen旁註：俄國亦曾要求我們，在京發表同樣宣言，一如英國所為；但我們已將其拒絕）蓋照該協約，俄國方面承認英國在中國中部自由建築鐵路之權，其交換條件則為英國方面尊重俄國滿洲鐵路云云。

國務卿以為，英國此種主張，實屬不合事理，如果俄國竟因此得有否認錦州——璦琿鐵路建築之權云云。國務卿又云：彼固願請俄國參與其事，但不願俄國竟有否認之權云云。

---

[44] 一九一〇年二月，自華盛頓寄，二月十八日，到柏林。
[45] 即上列第十九篇。

　　國務卿繼又談及中國衰弱，以及日本侵略中國之事。並令余誦讀駐德美使Hill報告，其內容係關於Hill與皇上陛下正月一日之談話；（參閱余之正月二十七日第三十號電報）略謂：陛下對於Knox所提滿洲（鐵路）中立計畫，認為十分優善，並稱為大政治家舉動，云云。國務卿屢將彼之東亞方面美德應該合作的希望，向余表示，但未提出倆種確切條陳。

Bernstorff

23 德國駐日使館頭等秘書 Montgelas伯爵致德國國務總理 Bethmann Hollweg之文件[46]

日本回答美國所提滿洲鐵路中立之條陳，其結果一如此間輿論方面自始所希望，以及熟悉日本情形之人自始所預料者。換言之，即拒絕其請，是也。此間人士尤為欣慰者，即俄國政府之拒絕答文，係與日本答文，同時在華盛頓遞給。此種同時遞給，必係日俄兩國政府預先約定無疑。日本自去秋以來，時常尋覓機會，以使因為最後一次中日條約所引起之俄國心中不安情形，加以掃除。現在日本當然應該感謝國務卿Knox賜給日本最為盼望之日俄接近機會。（德皇威廉第二用英文旁註：They were forced to show their hands!（彼等必須將手示人！））此次Knox條陳所生之唯一實際效果，即為日本確向俄國接近一事。當其已故伊藤侯爵與俄國財政大臣在哈爾賓相會之時，即已有意力謀日俄接近，也以為抵抗美國在滿洲圖謀之舉。誠然，此種接近期間，不必永久；以及（此處請用（俄國外長）Iswolsky先生自己所發之言）俄國所行之遠東「拮据政策」（Politique Mesquine）乃係由於困難所迫未能依照己意行事。一俟自覺力量充分之時。仍將積極進

---

[46] 一九一〇年正月三十一日，自東京寄。二月十八日，到柏林。

取。（德皇威廉第二旁註：日本封此，當預為防範，俄國將生為時已晚之感！）然而該兩國現時攜手抵抗第三敵人，堅護彼等權利之事實，卻是彰然存在，未嘗因此有所影響。

美國大使最初以為，日本對於美國條陳當能表示好意，本極樂觀。近來與余晤談，乃不能不自承，華盛頓方面對於日人國家情感，太不注意，實屬錯誤。又該使之意以為現在美國條陳既已落在桌下，則華盛頓方面對於此事，當可擱置不復再提。（德皇威廉第二旁註：否！）

但余個人方面則覺得，美國政府對於滿洲問題，恐不能因遭俄日兩國之拒絕遂從此罷休。（德皇威廉第二旁註：不錯）余寧願相信，此次美國條陳只能算是美國對滿行動之一種開場鑼鼓而己。（德皇威廉第二旁註：是呀）余就日人口氣之間觀察，似乎彼輩亦與余意相同。此外更據尊處惠賜之報告，得悉（美國）國務卿Knox曾向（德國）欽命駐美大使言曰：美國業已決計，倘若日人拒絕美國條陳，則（美國）定將滿洲日人設法「燻乾」云云。愈足證明余之所見，不為無故。但此種方法，是否果如國務卿Knox所想像那樣簡單易辦，余實不能無論如何此處依照著名樣本，只有兩種：即是，一為燻人者，一為被人燻者。至於日人方面，則無論如何，必定決意用盡方法，以礙美國之燻乾行動。

因欽命大使他往特代報告如上。

A. Montgelas

德皇威廉第二篇末註語

不錯！日本小鬼（Japs）與美洲老Yankee之間，因此衝突日增，真是好極。

24 德國外部秘書Schoen男爵致 德國駐美大使Bernstorff伯爵 之電[47]

　　俄國拒絕錦州——璦琿鐵路之計畫；並請求我們贊助彼之張家口（Kalgan）——庫倫（Urga）——Kjachta（在俄蒙交界之處是否即恰克圖？）鐵路計畫。而且自張家口至庫倫一段，由外國資本家辦理；從庫倫至Kjachta一段，則由俄國資本家擔任。

　　我們已拒絕其請。蓋此項（張庫）鐵路計畫，中國方面似欲自行建築，不願利用外資；而且此項路線，無利可圖。

　　委託閣下，如遇國務卿Knox詢及之時，可將此事十分祕密告彼。

V. Schoen

---

[47] 一九一〇年三月一日，柏林寄。

25 德國駐美大使Bernstorff伯爵致柏林外部之電[48]

絕對祕密

　　與第一七四號訓令[49]及第三八號電報[50]有關。

　　國務卿云：彼對於錦州——璦琿鐵路計畫，將繼續堅持；蓋此項條約已由政府批准，故也。倘若英國政府對於此項計畫，果然決計退出，則彼（指國務卿而言）尚當詳細思索：究竟是否應將此事根本取消；抑或將助他方繼續向前進行。（所謂他方當然薇指我們）（德國外部秘書Schoen男爵旁註：牽入政治漩渦，實與我們不便。）國務卿又言（英相）Sir E. Grey曾向Whitelaw Reid直接自承：彼對此次事件，最初未免輕忽一點；蓋彼將對俄應負之義務，竟自忘去，故也，云云。國務卿又極埋怨英國，並謂現在合作一事，可算絕望。彼以為或者俄日英三國曾經密約，共同打消（美國）此項鐵路計畫。英國政府現在已無勇氣，毅然決斷；是以該國對於坎拿大關稅問題，海牙公斷問題，均作出無限困難。

　　國務卿又提及（駐德美使）Hill新近電報。據云：曾與皇上陛下談話，謂皇上對於美英德三國共同保證中國領土完全一事，

認為解決中國問題之最良方法。皇上並於言，因為英國猜疑德國之故，實以美國出頭動議為事，云云。余因國務卿暫時顯然尚欲靜待英國情勢變遷結果之故，所以余只是默然靜聽而已（未嘗有所表示）。

Bernstorff

26 德國外部秘書Schoen男爵致德國駐美國大使Bernstorff伯爵之電[51]

答覆第六二號電報。[52]

凡可引起國務卿動念，以使我們贊成錦州——璦琿鐵路反對其他列強之舉動，均宜設法避免。假如國務卿竟自著手運動，則請閣下將下列意思，作為個人自己意見，向其表示：即美國對於此事努力活動，乃係當然之理；蓋美國為參預（此項築路）權利之國，故也。而我們則未具有此種合法地位。因此，俄國請求我們助彼反對此項鐵路計畫，我們曾以此種理由，在京加以拒絕。倘若我們現在獨與美國公然盡力此項鐵路計畫，則我們將與上面所列理由，自相矛盾；對於俄國直是一種非友誼的行動；在此歐洲國際局面之下，實屬大不妥當。

V. Schoen

---

[51] 一九一〇年三月六日自柏林寄。原書按語：此電因與前電有關，故提前錄之。

[52] 即上列第二十五篇。

27 德國駐華公使Rex伯爵致德國
國務總量Bethmann Hollweg之
文件[53]

　　因美國滿洲中立條陳所引起之波瀾，現在業經洶湧過；吾人已可一用明眼，觀察此事現刻之結果。倘若美國政府此次條陳，其意只在探測時局真相，　如此間代表Knox先生政策者之言，則現在對於日本輿論之大為激昂，以及當局願將彼之東亞折本生意預備保存，皆非出乎意外。至於日本對於彼之滿洲地位，視為艱難苦戰所得之國光，決意拔劍以衛，實為毫無疑義之事。在此種情勢之下，確使英國政策能夠，自由活動之地甚少。至若俄國態度，似乎並非各方一致，余覺得該國之於Knox條陳，只是對其方法上及手續上，甚感不快而已。

　　美國此次條陳曾給與俄日兩國雙方均極重視之教訓，即該兩國暫時對於滿洲問題，或者甚至推及其他利益問題，彼此共同行動是也。此種聯合之結果，對於中國方面當極不利。尤其使中國不能樂觀者，即俄國方面似乎對於錦州齊齊哈爾鐵路權利讓與一事[54]，業欲遷怒中國。蓋此項鐵路計畫曾觸及許多問題，最為俄國方面所憎惡者，例如滿蒙疆境防禦問題，是也。

---

[53] 一九一〇年二月十四日，自北京寄。三月四日到柏林。
[54] 該路往下築至璦琿一層，此時似不注重。

　　據余從（中國）外務部方面聞知，日本現在對於錦州——齊齊哈爾——璦琿鐵路計畫一事，業已回答。而且日本之贊成與否，係以下列條件為轉移：（一）須允日本資本，物料，及工程師，參與其事。（二）須允日本築一支線，以聯絡上述鐵路與南滿鐵路。

　　俄國方面尚未回答。

　　中國方面以為如果俄國表示反對該路築至璦琿，則暫先築至齊齊哈爾亦可。即或最初數年之內，該路無利可賺，但以後當逐漸有利可圖。直到最後，終將逼著其他鐵路，出於拍賣一途。

　　關於Knox所提（滿洲鐵路）中立計畫一事，華人方面尚未能洞悉：究竟美國政府是否尚有其他繼續行動。就現在情形而論，美國方面似乎甚為沉靜。但華人之意卻以為對於此次事件，未必從茲罷手。

　　至於俄國方面，據余所見，則該國此次嚴重拒絕Knox條陳，實屬錯誤。該國對於此次事件，至少須用延宕手段，而以直接拒絕之仇，讓諸日本身上。此次俄國舉動情形，又復證明該國對其東亞實力，有所誤解。滿洲鐵路之中立化，實無異在日本與西伯利亞之間，樹一柵欄。乃俄國對此竟不知欣然歡迎，反而表示與日利害相同，彼此合作。俄人竟自如彼盲目相信：日本將永與中國[55]平分滿洲，迨至（俄國）Amur鐵路築成以後，則中東鐵路之於俄國勢當失去重要意義。究竟屆時能否尋得一位買主，願出俄國所要求之價值以購該路，余實甚為疑惑。反之，現在俄國政府方面（如果接受美國條陳），卻可作成一筆好生意。據余

---

[55] 譯者按：原文「中國」二字當係「俄國」二字之誤。

所見，俄國對於美國東亞方面之活動，加以如此拒絕，實屬不甚聰明。

A. Rex

28 德國駐日本大使Mumm von Schwarzenstein男爵致德國國務總理Bcthmann Hollweg之文件[56]

祕密

數日以前，余曾與此間英國大使（Sir Claude Macdonald）談及美國所提滿洲鐵路中立條陳一事，其中使余發現一些不少趣味之點。

Sir Claude Macdonald首謂：當國務卿Knox向人轉述英國贊成美國條陳之時，對於英國所提必俟俄日同意方可之保留條件，卻加以撇開不提Sir Claude之意以為，當去年十一月倫敦方面接洽錦州——璦琿鐵路計畫之時，英國對於此種中立化之條陳，不過臨時表示在原則上可以贊成之意而已。美國國務卿實無權竟將此項英國贊成，通知其他列強如此特別表出。假如Knox先生必欲引舉此事事，則至少必須忠實的附述：英國政府於十一月談判之時，即曾表示彼之贊成，係以俄日同意為轉移，云云。

Sir Claude繼而又言：當彼前此聞知（最初由英國駐華公使來電通知），北京方面美國駐華代辦曾向中國政府提出（滿洲鐵

---

[56] 一九一〇年二月十六日，自東京寄。三月十一日到柏林。

路）中立化條陳；並謂英國業已無條件的贊成云云，之時，即深致疑惑。因當時Sir Claude尚未接到倫敦方關於美國行動的報告之故，所以彼即直接電詢倫敦；其中曾對於美國駐華代辦之責任問題，略為表示懷疑之意。後來（英相）Sir Edward Grey答彼略謂：英國政府關於贊成美國條陳一事。曾特別聲明，係以俄日兩國同意為轉移，云云。

此種特別聲明之保留條件，後被路透電以及此間許多親英報紙，大為利用，大書特書。至於上月二十六日曾經拍電報告尊處之《北德普通日報》（Norddeutsche Allgemeine Zeitnng）所補登的半官宣言，略謂：德國亦以關係最切的俄日兩國同意為「當然的」先決條件，云云。但此舉卻已不能再將此間輿論對於我們最初表示完全贊成美國條陳之不良印象，掃除淨盡。

倘若閣下惠然准余發表個人意見，則鄙見以為，如果我們當初表示贊成美國條陳之際，同時即將上面所謂「當然的」先決條件，特別聲明；則我們一方對於美國之關係，即不會因此傷損；而他方對於俄日兩國之邦交，卻易藉此遮飾。（德國外部首席參事Zimmermann旁註：我們實不能提出此種保留條件；蓋依照美國通知，即日本盟邦俄國友人之英國，亦未曾提出此項保留條件，故也。英國之提出此項保留條件，乃係後來之事，此固人所共知者也）至於我們未能一如英國，自始即行提出此種保留條件，據余在此所觀察，則（美國）國務卿Knox當然獨負其咎。蓋彼對著我們以及其他各國，皆謂之贊成此事，並未附有保留條件者也。

Sir Claude隨又自行向余證明此間報紙所登北京消息，謂駐華英使曾向中國政府勸告，在允許鐵路權利之前，宜詢俄日兩國政

府意見云云，確有其事。Sir Claude之意以為，如此一來，則該項鐵路計畫，因其無利可圖本少實現希望者，從此更將永遠打消廢置矣。就余所見，則英國政府此種對於該項計畫最初完全贊成繼而又復變卦之舉動，將使華盛頓方面，大為不懌無疑。在事實上，此間美國大使亦復曾經向余，大為埋怨英國政府之不可令人信賴。彼更謂英國此種變卦之舉。當係由於日本政府曾在倫敦提出抗議之故，云云。此外英美合組之錦州——璦琿鐵路建築會社，因為政府變卦之故，當然很受影響，於是該項會社，一如從前英國會社關於Fakumen鐵路問題之例，立刻在報上竭力爭論，以免彼之計畫竟成畫餅。茲特剪下一二，附呈閣下。反之，此間報紙對於英國政府「顧念盟誼」之態度，不勝尊敬與感謝，此固（當然之事），毋須詳陳者也。

當余與英國大使談話將終之際，余更提及報上某項消息，據云：俄國方面為為報復錦州——璦琿鐵路計畫起見，曾向中國政府要求，將有期的中東（北滿）鐵勝權利改為無期的讓與，云云。Sir Claude以為此項消息當係不確；雖然，錦州——璦琿鐵路計畫之出現於世，以及中國政府在大體上表示欣然接受，曾使聖彼得堡方面大為不樂，此固毋用遲疑者也。近來奧匈（駐日）大使（Call男爵）亦曾向著日本外務大臣）Konura伯爵提及上述報紙消息；該大臣亦復力言此項消息，當不可靠，云云。但據Call男爵相告，則該大臣當時曾微笑繼續言曰：倘若俄國對於彼極憎惡之錦州——璦琿鐵路計畫作此反動之舉（亦係情理中事），並非出於意外，足以令人驚異者也。

最後，余並向英國大使言曰：美國（滿洲鐵路）中立條陳，自遭此次俄日拒絕之後，當可沉寂下去，云云。Sir Claude則謂：

（日本外務大臣）Komura伯爵心中卻不甚安，以為美國政府或者對於日本拒絕之回文，尚將有所報答。至若（美國）國務卿Knox對於（日本）此種絕，勢將緘默容納，不復再言，一層，此間人士因知Knox個人性情之故，殊不敢安然相信。

A. V. Mumm

29 德國駐日大使Mumm von Schwarznstin男爵致德國國務總理Bethmann Hollweg之文件[57]

　　自俄日拒絕美國所提（滿洲）鐵路條陳以來，業已經過一些時日；所有美國此次行動之效果，現在已可確切看出一二。

　　此次效果，除開一些不關重要之附帶情形以外，則為俄日兩國之接近，及美日兩國之不睦，二事。

　　關於俄日接近，當為美國行動之必然結果，一層，余在美國條陳發表之後，初次電陳閣下之時，即嘗論及之矣。在事實上，（美國）國務卿Knox確不能再尋一種較善方法，以使滿洲方面最有關係之日俄兩國彼此合作，有如此次提出一種條陳同時危及兩國重大利益之舉。至於各種日報外報之上，對於俄日對滿洲同盟一層，則認為「已經完成之事實」（Fait Accompli）。前此久經停頓之鐵路接軌談判，據云行將迅速達到簽定之境。[58]

　　在他方面可以注意者，則為美日兩國之不睦。縱然日本報紙

---

[57] 一九一〇年二月十九日，自東京寄。三月十一日，到柏林。

[58] 當美國條陳呈遞日本政府之後，日本外務大臣Komura伯爵即曾立刻向著俄國駐日大使Malewskysky-Malewitsch言曰：俄日兩國在一九〇七年曾為彼此接近之第一步驟，現在更當決定再作第二步驟，而且基於兩國在滿共同利害之上。自此以後，兩國繼續談判，以至一九一〇年七月四日，訂結條約。

曾作兩國始終親眷之種種論調，以惑耳目，而真相終不可掩。蓋一種條陳，將令日本戰勝俄國所得之最要果實，大有被人削奪之危，其為日本人士所痛，乃係當然之事。反之，日本方面對於美國條陳，立刻加以拒絕，其為美國人士所不憚，亦係情理中事。日本報紙為掩飾此種實情起見，誠然故作許多虛語，浪費無限印刷油墨，高唱兩國歷傳友誼之說，以至於讀者兩耳厭聞，此外該報等對於美國政府此次動機之純潔，亦復故意贊揚不已，然而此種空言虛語，卻不能將狗從爐後誘出，蓋日美兩國政府同望最近數年之內，於兩國均所不欲之戰事，無論如何，設法加以避免。因而指導報館主筆，作此種種論調，但吾人於字裏行間，卻可以察出究竟著者心中之真正思想為何如者。

A. V. Mumm

30 德國駐美大使Bernstorff柏林外部之電[59]

　　（美國）國務卿今日談及彼之東亞政策，態度遠較前此堅決。因而余遂揣測，外間謠傳彼將辭職一事，其結果乃使彼與總統會談一次，反將地位弄得更穩。彼對於錦州——璦琿鐵路問題，決計「繼續進行」（Go Ahead）。並已通知英國，謂彼對於俄國反抗舉動，認為不合事理，云云。彼並向余密告曰：行將向著俄國政府方面，提出一種同樣意義之通牒。滿洲境內之鐵路，必須加以建築。倘若素無領土野心之列強不願為此則其他素有領土野心之列強，必將為之。其結果則現刻此種不良形勢，只有愈趨惡劣之一途。英俄協約並不能束縛中國方面。假如英國不願共同行動，則只好請他在門外站著。

　　但在英國方面，現刻正有一種嚴重反對（英相）Sir E. Grey親俄政策之運動。

Bernstorff

---

[59] 一九一〇年四月，自華盛頓寄四月十五日到柏林。

31 德國外部代理秘書Semrich致敬德國駐美大使Bernstoff伯爵之電[60]

答覆第一〇七號電報。[61]

據祕密消息：謂俄國對於錦州——齊齊哈爾鐵踏之反抗態度，終將自行取消，假如允彼參加建築該路之事，云云。為避免俄日兩國對滿同盟之危險起見，宜勸美國向俄國探試，並對於俄國參加此事之舉，表示若干讓步。今特委任閣下，將此思想向著美國政府發出，但不要顯然為之。至於德國曾作此種勸言之舉，千萬不要使人知道。此外並宜避免者，即美國方面關於滿洲問題，可以利用我們對抗他國之印象，是也。

Stemrich

---

[60] 一九一〇年四月十五日，自柏林寄。
[61] 即上列第三十篇。

32 德國駐美大使Berntorff伯爵致柏林外部之電[62]

答覆第六四號電報。[63]

余曾獲有機會，依照訓令，向著美國政府表示。蓋國務卿因為我們對於東亞問題所抱態度之故，每與余晤，輒祕密談及此項問題，故也。今日彼將頃間送交俄國大使之說帖，念與我聽。其中係用十分友誼誠懇之語調，辯護美國論點。略謂俄國實係無權阻止中國利用外資，在滿建築鐵路之舉。但俄國如果對於建築錦州──璦琿鐵路事宜，有所希望，則定當顧慮及之，云云。

國務卿亦復獲有消息，足令彼可由此測知，俄國行將取消反抗態度，並願參加建築該路之舉。蓋俄國方面對於與日永久同盟一事，認為不能實行，故也。此國務卿遂希望，鐵路築到齊齊哈爾一事，不久定可著手為之。而且俄法德英皆將參與其事。蓋英國其勢不能站在門外，故也。美國在華財界代表Straight之意，以為第一段鐵路之合同，當可不久訂成。

Bernstorff

---

[62] 一九一○年四月二十一日，自華盛頓寄。四月二十二日，到柏林。

[63] 即上列第三十一篇。

33 德國駐美大使Bernstorff伯爵致德國國務總理Bethmann Hollweg之文件[64]

密函

絕對嚴守祕密

（美國）Abraham Lincoln政府時代國務卿William Seward，曾有一次言曰：「太平洋與其海岸海島，以及彼方浩大陸地，將為今後世界大事之重要舞臺。」（The Pacific Ocean, its shores, its islands and the vast regioa beyond will become the chief theatre of events in the word's geat hereafter.）此種將近五十年前所發之言論，實可當作現在Taft政府外交政策之方針看待。但此種轉向太平洋而來之趨勢，並非僅僅美國政府方面如是，即美國群眾意識方面，亦復日益傾向於此。此間《泰晤士報》訪事，近來曾在該報發表議論，略謂現在「門戶開放」一語之在美國，已此「門羅主義」一語，更為受人重視，云云。此言可算中肯。至於國務卿務卿Knox之實行此種政治思想，辦法稍有未當，以致引起國內反對聲浪。因為此種實行方法，除開德國一個例外，曾使列強備感不快，故也。但此種反對聲浪，無關宏旨；蓋美國人民只責政府行動之方

---

[64] 一九一〇年四月十八日，自華盛頓寄。四月二十七日，到柏林。

法，有所未善，而對於「門戶開放政策」一事，則固始終完全贊成。並且美國人民此種不憚情形，現在逐漸集中英國方面。蓋美國對於俄日兩國方面，自始未嘗存有奢想，而對於英國所持態度，則不免大為失望，故也。

據余所見，美國之東亞政策方針，在最近期間之內，當無改變之事。或者僅僅形式方面可以略趨緩和而已。現在所欲問者，只是究竟英國將向美國一面偏來呢？抑或英美隔閡更將日益擴大呢？此項問題，在數年以前，本易回答。蓋因當時英國凡遇彼之美國堂表弟兄手招，無不欣然樂從，以冀獲得美國好感，故也。其後英國因懼德國之故，於是倒向俄法臂中而去。此種政策正與（英相）Sir Edward Grey之親俄趨向，恰恰相投。並與英國傳統思想，所謂專抗歐洲最強國家者，完全相符。其間與此政策相輔而行者，則謂英國所有兵力，逐漸集中於歐洲海洋；英國對於世界政治舞臺，暫處消極地位。

倘若英國果然察出：在此第二十世紀之中，所有歐洲各國彼此對抗問題，實較世界政治問題為輕，則英國或可一變其政治方針。而現在美國之動，則確易促成此種英國對外戰線之變遷。蓋余實不相信英國社會方面能夠永遠坐視美國堂表兄弟此種不憚情形，安然忍耐下去，故也。因此，余以為現在情形，正給我們一個良好機會，以使我們近年以來對外政策中之主要問題（回覆德英通常邦交一事），得以圓滿解決。假如我們果能贊助鼓勵美國之東亞政策，則其結果，依據鄙見，當只有促進我們對英邦交者。德美共同行動，或可驅使英國離開俄日，加入德英聯合之內。從此德英兩國共同利害之業已多年斷絕者，又可重新結合。並且最使我們不便之英俄媚愛，亦可由此終結。

即或上述各種效果，不能實現，則德美共同行動，亦足使令我們歐洲地位大為改善。假如我們能得美國同情，則英國一定不與我們開戰。至於俄法之不願啟釁，固已於去年證明之矣。因此，余覺得贊勵美國之東亞政策一事，對於我們，只有益處可言。世界注意之點，將由北海向其他方面。至旋俄國對此不懌，卻不甚關重要；蓋自三十年以來我們對於俄國雖然備盡友誼，而俄國對於我們之感情狀況，卻是永遠如此，故也。此外，余亦不信，日本將受德美聯合之驅迫，竟自早期開戰。蓋在德國友誼態度之下，美國可將艦隊集中太平洋內；即或不能超越日本至少亦可與日本勢均力敵，故也。

至於我們贊成美國「門戶開放政策」（Open Door Policy）所獲之經濟利益，則係最易明瞭之事，毋庸余再細述。而且今世一切健全政策，皆以一國經濟利益為前提。用盡方法以促進此種經濟利益，實為今日一切政策之主要目的。

直到今日，余之行動，因為依照訓令之故，對於國務卿Knox方面，當然隨時均極謹慎，以免彼再向余有所提議。但余卻不相信，如果前此余抱另一態度，則此刻彼已向余提出一種確切條陳。不過此種條陳將來終當到來；或關於參加錦州──璦琿鐵路之事，或關於其他類似之舉。於是我們必須依照上述政策方針，謹慎著手進行，靜待美國自行前來親近我們，尤其是當其英國尚係站在旁邊之時。（我們態度更應如此）余之所以不敢疏忽謹將上述意見恭陳閣下者，實因國務卿Knox自從皇上陛下向著（美國駐德大使）Hill與（美國前任副總統）Fairbanks兩位先生表示意見之後，對於美德英華四國共同維持「門戶開放政策」之理想，從事研究不已。此舉若成，在美國人眼中，實認為一種巨大

勝利；可將迄今一切反對國務卿之論調，從此根本加以剷除。因為英國目下仇視我們之故，以致此種思想不能見諸事實；但吾人若一細察英國歷史，則英國對於他種民族之愛憎，均只算是該國民族感情表面上之一時波縐現象而已。此種波縐現象之所以產生，只是由於一時政治利害關係之故。因此，吾人殊不必對於時局轉機之望，全然斷絕。惟此種轉變有一前提，即在政治或經濟方面，必須對於英國確有利益，是也。英人對於我們之為世界強國，終有一日相安下去；彼此久經緊張之關係，終當解決，一如英國歷史之中所常見者；換言之，即英國政治之特性，對於每次政局變遷，無不先以外交手腕反抗，迨到後來，又復以其變為「已成事實」（Fait Accompli）而承認之。

Bernstorff

34 德國駐美大使Bernstorff伯爵致德國國務總理Bethmann Hollweg之文件[65]

　　當余在給假離職以前，曾講國務卿Knox約期相晤告別。於是彼乃請余前赴彼之美麗別墅Valley Forge一聚，其地係在Philadelphia附近。至於是日談話之內容，其大部分余已直接電陳。惟有一事，余至今尚未提及者，即Knox先生是日亦曾談及彼所最感興趣之問題（東亞問題）。彼謂外間傳言：彼於哈爾濱納稅問題，曾經大為讓步，云云（一如俄國報紙所描寫者），實屬不確。彼僅於保留一切權利之下，暫時承認美人納稅一事。但在實際上，卻毫無關係，蓋該處差不多可以說全無美僑居留，故也，云云。

　　繼而余乃直詢該國務卿曰：彼為此舉，是否有意以使俄國對於錦州——璦琿鐵路問題，容易商量一點。彼乃微笑應之。（但彼繼續補言）此舉卻無何等大效；蓋（俄國駐美大使）Rosen男爵近來身體健康，業已大概回覆，曾來謁彼多次，勸彼將其計畫，自行打消，故也。惟彼決意不為該使所動；並信該路初段，

---

[65] 一九一〇年七月一日，自Manchester（Mass a chusetts）寄。七月十三日，到柏林。

定可著手建築。屆時彼當再行通知我們，以便我們參與其事，如果我們願意為之。

　　國務卿之望我們參加彼的東亞企業，其懇切情形，余可從彼之半詼半諧言談中察出。蓋彼曾云：法人之所以助俄反對建築上述鐵路者，係以（築成之後），俄國勢將派隊保護該路，調軍前往東亞；而法人方面則寧願俄國此項軍隊，駐在德國疆境之前故也，云云。

Bernstorff

35 德國駐日大使Mumm von Schwarznstin男爵致德國國務總理Bethmann Hollweg之文件[66]

　　（德國）欽叩駐華大使曾將駐華俄使（Korosrowez）之談話，向余通知。據該項言論觀之，則俄日兩國之間，將有更為接近之行動。又此間著名報紙Jiji Shimpo，上月三十日亦曾登有一篇社論，其內容頗與此種趨勢有關；茲特擇譯數段附呈。

　　就表面上看來此間近來，並無何等表現；足以令人察出俄日兩國政府有所接洽之舉。如果必欲搜索此項跡象，則由歐報傳來此地之消息，所謂（日本外務大臣）Komura伯爵前往哈爾濱繼續從前伊藤候爵所擬議的日俄談判者，可以聊備其數。在（去年）十二月底間，當（美國）國務卿Knox提著名的鐵路中立化條陳之際，此間對於俄日兩國特別接近一事形諸言語筆墨之間者，固非常眾多。但自此以後，與論方面對於此計畫，又復完全沉默下去。

　　俄日兩國特別接近，固非必無之事情。如果有之，則此舉現在仍可認作Knor突擊行為之結果。蓋因此種突擊行為，曾使俄日兩國許多利益同樣陷於危境，故也。閣下或尚記憶，余在初次報告Knox條陳事件之時，即曾謂：昔日仇敵之俄日兩國，從此互相

[66] 一九一〇年五月六日，自東京寄。五月二十五日，到柏林。

特別接近，或為條陳之必然結果，云云。此種新協約之舉，無論如何，乃係針對美國而發，縱然不必明白特別表出。而俄日兩國由此互相承認，彼此在滿「善意所獲」之權利。或者在此機會之時，俄國並將特別表示贊成日本「合併」高麗之舉。

　　當一九〇七年七月三十日，俄日兩國訂結第一次協約之時；報章之上，曾屢次揣測，尚有祕密條款在內。據云：依照此項條款，則日本除承認其他各種外，並承認俄國在蒙特殊地位，云云。究竟此次新協約，是否包含此類承認條款在內，實屬不易預言。如果有之，則此項條款，勢必特別小心巧為措詞；蓋日本政府即曾向著美英以及其他各國，正式發出堂皇宣言，維持中國領土完全；其勢不能公然令人侵略中國在蒙主權，故也。

A. V. Mumm

36 德國駐日大使Mumm von Schwarzenstein男爵致德國國務總理Bethmann Hollweg之文件[67]

在本月四日接見外交人員之時，余曾特別小心，提及上月三十日日報Jiji那篇論文。該文內容係言日俄兩國特別接近之事（前曾擇要譯呈），當為閣下所深悉者也。

（日本外務大臣）Komura伯爵隨即長篇縱談，詞氣活潑。彼謂日俄兩國之間，戰斧當可從茲掩埋。而且現在兩國之間，彼此互相信託極深。彼又謂：在去秋之際。有一種十分可笑之謠言，所謂日本方面具有攻擊俄國之意者，曾經流行一時，竟使彼認為非在議會之中，加以辯明否認不可。而現在則俄國對日之懷疑，幸已烟消雲散；此外兩國政府並極忠實的努力，以使從前戰爭時節所餘之一些未了爭點，加以解決；對於鐵路接軌，運輸價目，以及其他各種問題，亟謀彼德所以妥協之道。

關於目下兩國政府將結特別政治協約一事，Komura伯爵卻是一語未提。但就彼之特別聲明兩國親善關係觀之，則關於兩國互相堅結以抗共同美禍之可能情形，至少未嘗根本否認。

---

[67] 一九一〇年五月六日，自東京寄。五月二十五日，到柏林。

　　美國各政治家譬如總統Taft近在Pittsburg之演說，顯然仍抱舊日主張對於滿洲門戶開放問題，不願從此罷休；對於滿洲鐵路中立事件以及錦州——璦琿鐵路建築事件，尚欲加以討論。茲將電報所傳演說大要，附呈左右[68]。究竟美國此種舉動，是否聰明，余實不願加以評斷。因為美國政府對於俄日在滿實際產業，常於報上，不斷加以攻擊之故，於是迫使俄日兩國政府互相接近，並下共同抗禦之決心。至於我們方面，則就余所知，我們工商兩業之在滿洲境內俄國治下者，時常均極安好；其在日本治下者亦然。現刻南滿已成為我們一個巨大銷場。究竟此種良好情形，在美國勢力一旦擴及中國東部之後，是否尚能同樣保持，不易於確斷。無論如何俄日兩國之間，若由現在鬆懈約更進而變成一種堅固團體，則對於我們政治與軍事方面，均非有益之舉。

A. V. Mumm

---

[68] 此項附件，係剪自《The Japan Daily mail》報上，據其所載，則美國統統Taft五月二日在Pittsburg演說，特別聲明，保持中國門戶開放政策：「我們不能默認東亞方面與華有關之任何一國政府，暗用方法以毀此項政策。」（We cannot quietly acquiesce in silent defeat of that policy in the measures adopted by any governments interested in the Orient.）

37 德國駐英大使Metternich伯爵致德國國務總理Bethmann Hollweg之文件[69]

　　Daily Telegraph報館之聖彼得堡訪員，常能直從俄國政府方面獲得真確消息；今日電告彼之報館，謂俄日兩國將於最近期間之內，簽定一種條約；對於兩國現在利害相反各點，在保持現狀基礎之下，加以調和解決云云。（德皇威廉第二旁註：瓜分中國！）該訪員並謂：此即美國所持東亞政策以及中國所抱態度之結果。蓋此種政策與態度，常使俄日兩國同覺深相結合，實屬有益，故也。（德皇威廉第二旁註：中國之滿洲將由日本奪去，蒙古則由俄國取去；但在此際，英國勢將背日而去（因為英日同盟，始終是一樁蠢事），假如美日兩國衝突，則英國勢將助美。於是俄國行將不得不在亞洲（印度）方面，幫助日本；否則彼將失去海參威以及蒙古東部西伯利亞各處。我們之贊助美英，乃係當然之事，如果實現，則我們正式與俄立於反對地位。由此則余在一九〇八年所宣布之意見，謂「黃禍」一旦來侵歐洲，則斯拉夫人不但不起而抵禦，並將助之以攻歐洲者，又得為之證實矣）

P. Metternich

---

[69] 一九一〇年六月二十四日，自倫敦寄。

38 德國駐法代辦Lancken男爵致德國國務總理Bethmann Hollweg之文件[70]

與Quai d' Orsay[71]有關之報紙，對於俄日條約皆加以詳細研究。並一致以為，此項條約對於國際形勢，亦有重大意義，云云。其間更頻頻表示者，略謂法國對於此項條約，實有種種原因，應該喜歡不已。蓋此約可使俄國關於歐洲方面之活動，多多顧及，故也，云云。或者如Echo de Paris報紙所云：「以便好在歐洲監視」（de faire bonne garde en Europa）云云。

Lancken

原書旁註

此項條約自一九一○年春季即已開始進行。到了是年七月四日，於是完全議結。請參閱下列第二七○七篇之附件。[72]並參閱Siebert之Diplomatische Aktenstücke zur Geschichte der Entente-politik der Vorkriegsjahre第二六四頁等等，其中曾載

[70] 一九一○年七月五日，自巴黎寄。
[71] 譯者按，係外部所在之街名。
[72] 即本書下列第四十篇之附件。

有此項條約草案，以及他種未嘗通知柏林但曾通知倫敦之密約草案，此項密約乃係實際瓜分滿洲之約。

39 德國駐俄大使Pourtalès伯爵致德國國務總理Bethmann Hollweg之文件[73]

　　（俄國外長）Iswolsky先生在最後一次接見之時，曾向余言曰：現在俄日之間，業已訂成一約。並已知照（駐德俄使）Osten-Sacken伯爵將其內容通告（柏林）帝國政府云云，該總長對於法國報紙，在該約尚未正式發表以前，竟將內容披露一事，稍感不懌。該總長並謂，彼之本意欲在該約內容宣布以前，先向各國政府通知云云。（德皇威廉第二旁註：恰恰相反。彼實有意令人驚詫，使人出於意外）

　　因為柏林俄使當已向著閣下提出此項通知之故，所以余在此處，只將Iswolsky先生關於該約之幾點普通表示，照實稟呈，該總長謂此項條約乃係一九〇七年夏季俄日協商之補充條約。但此次所達到之妥協，卻有較大意義，並非僅僅解決幾項特殊問題而已。此項條約首即表示，俄日兩國甚望維持滿洲現狀之意。（德皇威廉第二旁註：滿洲乃係屬於他們倆的！）而且兩國若遇此種滿洲現狀被人危害之時，立即彼此交換意見，商量所以採手段，云云。因此足見各報嘗謂該約帶有防禦條約性質一事，並非無稽之言。至於此種性質確為該約之基礎，以及此種防守條約確係針

---

[73] 一九一〇年七月八日，自聖彼得堡寄。

對中美兩國而發，均可直從該總長向余解說此項條約時所持之論調中，見之。

該總長開始第一步，即對於華人，加以激烈攻擊。彼謂：華人不願尊重現有條約；近來竟在滿洲方面，開始自由行動，毫無顧忌。（德皇威廉第二旁註：真是聞所未聞！該地乃係中國自己領土，中國皇室祖籍呀！）為抵抗華人此種自由行動起見，俄日兩國均一致覺得，實有堅決維持彼等在滿善意所獲各種權利之必要。而且此項權利界限之劃分，俄日兩國之間，固無絲毫意見隔閡之處。（德皇威廉第二旁註：強盜！分　）

該總長並明白表示，據彼所見，受第三者之影響鼓動，乃作此種有意行動云云。（德皇威廉第二旁註：希望如此）於是Iswolsky復又談及（美國）Knox先生滿洲中立條陳。彼並略帶一種怒態，言曰：「美國人欲使我們不要忘去，滿洲並非屬於俄日兩國（德皇威廉第二用德法兩國文字旁註於下：das stimmt, Oui Monsieur（不錯，是的，先生））我們與日本現在必須表示，我們兩國在滿洲方面曾用大犧牲所得來之地位，決不願再行放棄。（德皇威廉第二旁註：不知廉恥）」

此外，該總長更特別聲明：各國對於此種新約，實無須懷疑不安。蓋滿洲門戶開放原則，固完全依舊存在，故也。（德皇威廉第二旁註：！廢話。）

該總長對於此次訂約之事，大體上極為滿意。（德皇威廉第二旁註：請稍待！）又此間輿論，對於該約大體表示歡迎，亦為使彼滿意原因之一。在事實上，此間大多數人對於今次俄日新協約，確是認為Iswolsky先生外交之極大勝利，尤其表示滿意者，為一般希望俄國在遠東方面務必設法減少束縛，以便集中力量於

「切要」外交問題之人。換言之，以便對於近東問題，更能加倍從事，是也。

究竟此間英國大使對於俄日諒解成立一事，曾否從中協助；余實未有直接證據。余所能確言者，只是當去冬美國提出滿洲鐵路條陳之時，此間美國大使（Rockhill）曾謂：此事因為英國政府贊勵之故，英國資本界對於錦州──齊齊哈爾──璦琿鐵路計畫，必能參加云云。反之，（此間英國大使）Sir Arthur Nicolson 對於此項鐵路計畫，則同時卻極表示非難之意。余並相信，當時英使對於（俄國外長）Iswolsky先生之論點，完全表不同情。無論如何，該使固未嘗稍稍出力，以使俄國政府猜疑美國之念，為之緩和。因此之故，當時（美使）Mr. Rockhill曾屢次表示，對於英使態度極為失望之意；彼並非難英使，萬事皆帶著「英俄協約的眼鏡」去看，云云。由此觀之，此間英使對於俄日諒解成立一事，至少必曾加以間接協助。（德皇威廉第二旁註：不錯）蓋該使與此間大斯拉夫主義派同具一種目的；換言之，即是英俄協約對於巴爾幹半島以及波斯方面所具之共同目的，是也。

F. Pourtalès

40 德國外部秘書Schoen男爵
上德皇威廉第二之奏札[74]

俄國大使以及其後日本大使，均於今日將新訂滿洲條約內容，抄示我們。茲特敬呈陛下。該兩使皆謂：此項諒解，乃係一九〇七年七月三十日所結俄日協約之補充條約。對於維持遠東現狀與和平一事，又復從新加上一重保證，云云。而（俄使）Ostew Sacken伯爵並特別聲明：此項條約即非反對中國（德皇威廉第二旁註：此言即他自己亦不相信），亦非反對其他任何一國。

余曾向該兩使，表示感謝此項通知之意並言：我們對於東亞方面所最注意者，即是只有經濟利益一項，所以我們對於此種新約亦只能從經濟論點，加以評斷。若是該約對於門戶開放原則，並無何等妨礙（德皇威廉第二旁註：此固絕無之事）[75]，則我們對於該約，當然無所反對。惟所謂經濟機會均等一事，不當是僅僅形諸言語而已，並宜的確見諸事實，云云。

V. Schoen

---

[74] 一九一〇年七月十一日，自柏林寄。時德皇正在北歐遊歷。
[75] 譯者按：其意係謂門戶開放原則，勢必受其妨礙也。

附件

俄日協約一九一〇年（俄歷六月二十一日）七月十四日在聖彼得堡簽字

俄國帝國政府與日本帝國政府，誠意欲使一九〇七年（俄歷七月十七日，）七月三十日兩國所結協約之原則，趨於穩固；並望該約關於保持遠東和平之效九，日益發展；於是協同將上述約定，再用下列條款以補充之。

第一條：為達兩國交通便利反商業發達之目的起見，訂約國雙方應負責，互為友誼上的合作，以謀兩國在滿鐵路之改善，並促其聯絡辦法之完成。更應負責，避免一切有損之營業競爭，以實現上述目的。

第二條：訂約國之一方，應負責，維持尊重滿洲現狀，一如俄日之間，或俄日兩國與中國之間，迄今一切條約，以及約定所構成者。（德皇威廉第二用德法兩國文字旁註云：中國，請了！Adieu für China!）而且俄日之間，應將此類約文抄錄副本，彼此交換。

第三條：如遇有危上述現狀之時，則訂約國雙方，每次皆應交換意見，以便協商彼此認為維持上述現狀必須採用之手段。（德皇威廉第二旁註：中國不得收回其祖籍地方）

下面署名之人，曾由本國政府授與全權，茲特簽字蓋章於此項協之上，以昭信守。

訂於聖彼得堡，一九一〇年（俄歷）六月二十一日，（西

歷）七月四日，即明治四十三年七月四日。

（簽名者）Iswolsky（簽名者）Motono

（蓋章）　　　　　（蓋章）

Convention ents la Russie et le Japon signée á St. Pétersbourg le 21 Juin/4 Juillet 1910

Le Gouvernemenent Impérial de Rusie et le Gouvernement Impérial du Japon, sincèrement attachés anx principes établis par la Convention conclue entre Eux le 17/30 Juillet 1907, et désireux de développer les effets de oette Convention en vue de la consolidation de la paix en Extrême Orient, sont convenus de compléter ledit arrangement par les dispositions suivantes.

Article I

Dans le but de faciliter les communications et de développer le commerce des nations, les Deux Hautes Parties Contractantes s'engagent à se prêter mutuellement leur coopération amicale en vue de I'amélioration de leurs lignes de chemin de fer respectives en Mandchourie et du perfectionnement du service des raccordemen's des dites voles ferrées, et à s'abstenir de toute concurrence nuisible à la réalisation de ce but.

Article II

Chacune des Hautes Part es Contractantes s'engage à maintenir et à respecter le statu quo en Mandchourie, tel qu'rl résulte de tons les traités, conventions ou autres arrangements conclus jusqu' à ce jour, soit entre la Russie et le Japon, soit entre ces deux Puissances et la Chine. Les copies des susdits arrangements ont été échangées entre la Russie et le Japon.

Article Ⅲ

Dans le cas où un évènement de nature à menacer le statu quo susmentionné viendrat à se pioduire, les Denx Hautes Parties Contractantes entreront chaque fois en communication entre Elles, afin de s'entendre sur les mesures qu' Elles jugeront nécessaire de prendre pour le maintien dudit statu quo.

En foi de quoi, les soussignés, dûment autorisés par leurs Gouvernements respectifs, ont signé cette convention et y ont apposé leurs sceaux.

Fait á St. Pétersbourg, le 21 Juin/4 Juillet 1910, correspondant an 4 jour du 7 mois de la quarante-troisiéme année de Meidji.

(signé) Iswolsky   (Signé) Motono

(L. S)   (L. S.)

41 隨侍德皇行在之參議 Bethmann Hollweg之電[76]

　　皇上陛下對於俄日協約成立一事，甚為注意與憂慮。因此陛下令余，電達閣下：

　　該約趨勢，顯然係為俄日兩國將來瓜分中國領土蒙古滿洲之地步。關於俄國方面如何越分濫用彼之鐵路權利一層，固已早經暴露世人之前。至於現在彼之目的如何，我們可從Popow將軍所著書中見之，該書常為大學教授Schiemann所徵引。據該將軍之意，俄國對於蒙古西伯利亞境上，甚富煤炭與鑛砂之某地，應該置於俄國權利範圍之中，云云。吾人嘗由經驗察得：俄日兩國雖曾發出一切保證約言，而彼之勢力區域以內，對於第三國之商業，仍將竭其力之所至，加以閉拒。因此，最令吾人可慮者，即中國其他重要領土，如果亦漸被人奪去，撤消門戶開放原則，是陛下以為吾人對於此類事故，亟宜設法防其將來發生。我們對於此項問題，實與美國同舟。從前關於中國鐵路借款問題，我們嘗贊助美國要求，此舉實足構成一種良好基礎，可以往進行；以使德美兩國利害相同之形勢，愈較前此明瞭。或者更將中國拉入其中。此外，破壞蒙古領土完全一事，據陛下所見，亦屬有違《揚子江條約》。因此。如果成為事實，對於英國方面，亦不能無害。

---

[76] 一九一〇年七月十三日，自Bergen寄。其時國務總理寓居Hohenhnow。

陛下以為，此事宜與卸職中國駐德公使（蔭昌）一商，當甚有益。陛下在旅行以前，並嘗有意親與該使一談。

陛下欲請閣下，發表對於此項問題之意見，以及擬採何種手段。

Trentler

原書按語

中國駐德公司蔭昌將軍，當時方奉調任中國陸軍大臣之命，行將離德而去。該使辭別德皇，係在八月初間。見面之時，德皇曾對於中國回覆俄日兩國之答文，向著該使，深表賀意。按此項答文係中國方面画覆俄日兩國通知滿洲條約之來牒；並於七月二十四日，中國駐德使館將中國答文內參通知柏林外部，此項交答措辭確極巧妙；並將此次日俄協約視為一九〇七年日俄協約協約之補證。蓋一九七年之日俄協約，固嘗明白承認滿洲方面之中國統治主權與列強機會均等，以及中國促進本國在滿工商所採之一切手，故也。至於中國政治家輿中國報紙，以及上海發行之英國報紙，雖然未悉日俄之間，尚有不祥密約存在[77]，心中卻皆十分明瞭，所謂保持中國在滿主權與門戶開放主義者，只是一種虛言空話而已（德國）駐滬總領事Buri在七月十八日報告之中，曾引舉英國半官報紙No:th China Daily News之論調，以及Shanghai Times與Natio al Hevlew兩報之言論，該報等無不明白表示，此次日俄滿洲條約，實無異於日俄兩國瓜分滿洲，以及取消門戶開主義。

---

[77] 參看上列第三十八篇篇末之「原書旁註」。

42 德國國務總理Bethmann Hollweg上德皇威廉第二之電[78]

恭請陛下，准余對於俄日條約報告如下：

此項條約只限於滿洲一處，對於蒙古方面，並未提及。而且據可靠消息，蒙古一地始終未作此次俄日談判之題目。

至於該約之趨勢，係在俄日兩國將來瓜分滿洲，固已毫無疑義可言。但就政略方面觀之，假如俄國在遠東方面由此重新穩住，成為日本緊鄰，其結果多造（俄日）兩國將來嚴重衝突機會，實是對於我們，只有益處可言。其他方面，我們對於此項條約，又無可以藉口反對之處；蓋訂約國雙方固嘗特別聲哪保持滿洲現狀；（德皇威廉第二旁註：現刻的狀況！換言之，即是占領中國（皇室）最古的祖籍！）對於該地之法律關係，與該地之隸屬中國，並不加以變更；（德皇威廉第二旁註：彼等即占領滿洲，於隸屬中國一層當然加以變更。）更向我們特別保證門戶開放；故也。因此種種事實之此故，於是逼著我們，在上次日俄兩國大使通知我們該項條約內容之時，遂不得不作那種答辭；此項答辭，固早已陳明陛下矣。即已給與那種答辭，現在又作反對該約之行動，似乎有所未便。而況近據各種消息，關於反對該約之舉，不僅英法方面有意避免，即美國方面亦在設法避免之列也。

---

[78] 一九一〇年七月十六日，自Hober Hnow寄時德皇正駐蹕於Bergen。

至於美國此種態度，今後或將有所變更一層，吾人實不敢深信。蓋美國其間對於哈爾濱美僑納稅問題，曾向俄國讓步，故也。美國即有此舉，則我們向美國對於此次條約事件，有所動議，實覺甚屬不便。因此之故，我們似宜先行靜待此次事件之變化；同時細察美英兩國之態度。

中國如可救助，則只有該國自行表示，具有一種努力自強之精神方可。余敢敬迄陛下，在接見蔭昌以前，先將陛下對於此次問題之聖意，再行見示一次。

Bethmann Hollweg

德皇威廉第二篇註語

換言之，即是：等待與觀望！Also wait＋see！我不願貴重時間失去，我不願我們商業銷場失！

原書按語

電中所謂「該約趨勢，係在俄日兩國將來瓜分滿洲，固已毫無疑義可言」一語，實非過甚其詞；吾人可從（俄國外長）Sasonow一九一二年正月二十三日之說帖中，見之。此項說帖曾載放Siebert的Dipomatisch Akten-stucke第二頁等等。該說帖之中，曾歷引中國政府近年以來對於俄日利益之反抗行動。並可謂：「中國此種反抗行動，當時曾使俄國政府發生一種思想，即利用武器力量，並吞併中國數耽地，以使俄國遠東地位特別穩

固；對於東亞前途變亂不復加以恐懼。將來如遇必要之時，便可將其力量，用於他處。但分割吞併中國土地一事，我們卻時常視為一種最後（不得已）之手段。惟就現在時機而論[79]，似乎只用外交方法，不必武力吞併中國土地，便可達到我們所希望之目的。」

---

[79] 譯者按：其時中國正在革命。

43 德國駐俄大使Pourtalès伯爵致德國國務總理Bethmann Hollweg之文件[80]

　　（俄國外長）Iswolsky先生今日將（駐德俄使）Oosten-Sackeen伯爵來電，念與我聽。其內容係該使報告，前向柏林外部通知俄日條約約文之時，與（外部秘書）Schoen男爵先生之談話。該總長對於柏林方面對待該約之態度，大體上甚為表示滿意。彼所驚訝者，惟一大部分奧匈報紙以及幾家德國報館，對於此項條約之成立，頗露不安之狀而已。蓋該報等不能因為俄國欲在東界方面，設法求一安定基礎之故遂斷定俄國將在西界方面，採取侵略政策，云云。

　　余對於該總長此項談話，未曾直接發表己意。是向彼言曰：余對於Mentschikow，數日以前在Nowoje Wremja報館發表之論文，甚為欣慰。蓋該文之中，曾謂俄國方面所持之武力對德政策，實為巨大錯誤。因為此種政策，只算是俄國代人火中取栗而已，云云。Iswolsky先生亦承認該文內容所含理性確是不少，惟該文所據之前提，（所謂武力對德政策者）則實毫無意義（毫無根據），云云。

F. Pourtalès

---

[80] 一九一〇年七月十三日，自聖彼得堡寄。七月十八日，到柏林。

44 德國駐俄大使Pourtalès伯爵致德國國務總理Berhmann Hollweg之文件[81]

俄日條約一事，現在仍為此間報紙之中心問題，繼續加以討論。

據Bjetsch報紙之意，此約之動議，當在倫敦（政府）方面。因此，該報對於英法兩國之歡迎該約，認為當然之事，不足為奇；蓋該約能使俄國東亞兵力挪出，故也。因為近來德英兩國外交方面大為變動之故，於是該報遂推定德英之間，勢將日益緊張。

該報又謂：假如對於此次俄日條約，僅僅視為東亞關係，則其中將有令人不解者，究竟此約係為何種目的而結。蓋此約封於一九〇七年之條約，不僅是無所增補，即對於最關重要之門戶開放原則一事，亦復緘默忽略過去，故也。反之，此項條約卻能給與俄國機會，將其戰線轉向西方而來，採取一種積極政策，然則此項政策為何？即「巴爾幹吸收」政策，是也。換言之即報仇政策。續與Aehrenthal伯爵決鬥！是也。

---

[81] 一九一〇年七月十九日，自聖彼得堡寄。

　　為此種誘人希望之故，俄國對於彼之前此不良東亞政策所謂勢力範圍政策者，安可往下行去。蓋此項政策，曾使俄國陷於十分危險之中，故也，云云。

　　至於Nowoje Wremja報紙之論調，則與上述Rjetsch報館論點，以及極右派機關報Russkoje Snamja之仇視態度，大不相同。《Nowoje Wremja》報紙今日曾表示其對於《北德通報》（Norddeutsche Allgemeine Zeitung）之言論甚為滿意。該報並謂：《北德通報》能以實際政治家之見地，冷靖觀察此次俄日條約云云。外該報又謂遠東和平即已穩固，則俄國便可應用全力，注意內政改革，以恢復前此強國地位，云云。惟俄國對外權力，即為左派所不喜，而築於正義自由之對內權力，則又為右派所不悅。因此之故，兩派對於此項條約，彼此各有不滿之處。

F. Pourtalès

45 德國駐塞爾維亞代辦Bry-steinburg伯爵致德國國務總理Bethmann Hollweg之文件[82]

對於俄日條約成立一事，所有此間政府機關報Odjek，以及常與外部有關之報紙Politika，均認為極與巴爾幹斯拉夫有益，尤其是極與塞爾維亞有益。此項條約可使俄國前在遠東方面冒險浪用之力，轉而注意中歐與巴爾幹方面。蓋巴爾幹固為俄國長久主要利害所在，故也。俄國迄今所持之亞洲政策，其影響於巴爾幹也何等不詳。就Bosnien事件中俄國所持態度觀之，便科一目瞭然。此次俄國政策之變遷，可使俄國在歐得有自由活動之餘地；足令塞爾維亞之民族運動前途，富有十分希望云云。

Bray

---

[82] 一九一〇年七月二十日，自Belgrad寄。

Do歷史26　PC0432

王光祈帶你看清末民初外交史料
——《李鴻章遊俄紀事》與《美國與滿洲問題》合刊

譯　　者／王光祈
主　　編／蔡登山
責任編輯／陳佳怡
圖文排版／楊家齊
封面設計／王嵩賀

出版策劃／獨立作家
發 行 人／宋政坤
法律顧問／毛國樑　律師
製作發行／秀威資訊科技股份有限公司
　　　　　地址：114 台北市內湖區瑞光路76巷65號1樓
　　　　　電話：+886-2-2796-3638　傳真：+886-2-2796-1377
　　　　　服務信箱：service@showwe.com.tw
展售門市／國家書店【松江門市】
　　　　　地址：104 台北市中山區松江路209號1樓
　　　　　電話：+886-2-2518-0207　傳真：+886-2-2518-0778
網路訂購／秀威網路書店：https://store.showwe.tw
　　　　　國家網路書店：https://www.govbooks.com.tw

出版日期／2014年12月　BOD一版　定價／230元

|獨立|作家|
Independent Author

寫自己的故事，唱自己的歌

王光祈帶你看清末民初外交史料：《李鴻章遊俄紀
事》與《美國與滿洲問題》合刊 / 王光祈譯；
蔡登山編. -- 一版. -- 臺北市：獨立作家, 2014.12
　　面；　　公分. -- (Do歷史；PC0432)
　　BOD版
　　ISBN 978-986-5729-41-7 (平裝)

1. 中國外交　2. 外交史　3. 近代史　4. 史料

641.4　　　　　　　　　　　　　　　103020209

國家圖書館出版品預行編目

讀 者 回 函 卡

感謝您購買本書，為提升服務品質，請填妥以下資料，將讀者回函卡直接寄回或傳真本公司，收到您的寶貴意見後，我們會收藏記錄及檢討，謝謝！如您需要了解本公司最新出版書目、購書優惠或企劃活動，歡迎您上網查詢或下載相關資料：http:// www.showwe.com.tw

您購買的書名：＿＿＿＿＿＿＿＿＿＿＿＿＿＿＿＿＿＿＿＿＿＿

出生日期：＿＿＿＿＿＿年＿＿＿＿＿＿月＿＿＿＿＿日

學歷：□高中 (含) 以下　　□大專　　□研究所 (含) 以上

職業：□製造業　□金融業　□資訊業　□軍警　□傳播業　□自由業
　　　□服務業　□公務員　□教職　　□學生　□家管　　□其它＿＿＿

購書地點：□網路書店　□實體書店　□書展　□郵購　□贈閱　□其他

您從何得知本書的消息？

　□網路書店　□實體書店　□網路搜尋　□電子報　□書訊　□雜誌

　□傳播媒體　□親友推薦　□網站推薦　□部落格　□其他＿＿＿＿＿

您對本書的評價：（請填代號　1.非常滿意　2.滿意　3.尚可　4.再改進）

　封面設計＿＿＿　版面編排＿＿＿　內容＿＿＿　文／譯筆＿＿＿　價格＿＿＿

讀完書後您覺得：

　□很有收穫　□有收穫　□收穫不多　□沒收穫

對我們的建議：＿＿＿＿＿＿＿＿＿＿＿＿＿＿＿＿＿＿＿＿＿＿

＿＿＿＿＿＿＿＿＿＿＿＿＿＿＿＿＿＿＿＿＿＿＿＿＿＿＿＿＿＿

＿＿＿＿＿＿＿＿＿＿＿＿＿＿＿＿＿＿＿＿＿＿＿＿＿＿＿＿＿＿

＿＿＿＿＿＿＿＿＿＿＿＿＿＿＿＿＿＿＿＿＿＿＿＿＿＿＿＿＿＿

11466
台北市內湖區瑞光路 76 巷 65 號 1 樓
獨立作家讀者服務部 收

....

（請沿線對折寄回，謝謝！）

姓　　名：＿＿＿＿＿＿＿＿＿　年齡：＿＿＿＿　性別：□女　□男

郵遞區號：□□□□□

地　　址：＿＿＿＿＿＿＿＿＿＿＿＿＿＿＿＿＿＿＿＿＿＿

聯絡電話：(日) ＿＿＿＿＿＿＿＿＿　(夜) ＿＿＿＿＿＿＿＿＿

E - m a i l：＿＿＿＿＿＿＿＿＿＿＿＿＿＿＿＿＿＿＿＿